NOTICES

LÉON DE ROSNY

NOTICES

1867

COURS DE JAPONAIS

—

Enseignement élémentaire. — IIIe partie

—

GUIDE

DE LA

CONVERSATION JAPONAISE

PRÉCÉDÉ

D'UNE INTRODUCTION SUR LA PRONONCIATION

EN USAGE A YÉDO

PAR

LÉON DE ROSNY

PROFESSEUR A L'ÉCOLE IMPÉRIALE ET SPÉCIALE DES LANGUES ORIENTALES

—

SECONDE ÉDITION

—

PARIS

MAISONNEUVE ET Cie, LIBRAIRES-ÉDITEURS

15, QUAI VOLTAIRE — A LA TOUR DE BABEL

GUIDE

DE LA

CONVERSATION JAPONAISE

3334 PARIS. ÉDOUARD BLOT, IMPRIMEUR, RUE TURENNE, 66.

GUIDE

DE LA

CONVERSATION JAPONAISE

PRÉCÉDÉ

D'UNE INTRODUCTION SUR LA PRONONCIATION

En usage à Yédo

SECONDE ÉDITION, AUGMENTÉE DU TEXTE ORIGINAL

EN ÉCRITURE VULGAIRE OU ZOKOU-BOUN ET EN ÉCRITURE KATA-KANA

PAR

LÉON DE ROSNY

Professeur à la Bibliothèque Impériale, Membre du Conseil de la Société Asiatique
et de la Société d'Ethnographie,
Membre correspondant de la Société orientale des États-Unis, etc.

PARIS

MAISONNEUVE ET CIE, LIBRAIRES-ÉDITEURS

15, QUAI VOLTAIRE, 15

1867

A

M. L.-AM. SÉDILLOT

ANCIEN PROFESSEUR D'HISTOIRE DE LA FACULTÉ DE PARIS,

SECRÉTAIRE DU COLLÉGE DE FRANCE ET DE L'ÉCOLE IMPÉRIALE ET SPÉCIALE DES LANGUES ORIENTALES VIVANTES,

MEMBRE HONORAIRE DE LA SOCIÉTÉ D'ETHNOGRAPHIE,

MEMBRE DU CONSEIL DE LA SOCIÉTÉ ASIATIQUE ET DE LA COMMISSION CENTRALE DE LA SOCIÉTÉ DE GÉOGRAPHIE,

ETC., ETC., ETC.

Hommage de respectueuse amitié et de reconnaissance.

Ce petit manuel de la conversation japonaise est extrait d'une collection plus étendue de dialogues que j'ai composés avec l'aide de plusieurs lettrés de la première ambassade en Europe de S. M. le Taï-koun. Ces lettrés distingués, que j'ai le bonheur de compter parmi mes meilleurs amis, et avec lesquels j'ai entretenu pendant plusieurs mois des relations journalières, tant en France qu'en Hollande, en Prusse et en Russie, où la bienveillance du ministère des affaires étrangères m'a permis de les accompagner, ont revu avec soin mon manuscrit et ont transcrit la partie japonaise dans l'écriture communément usitée au Japon, sous le nom de *zokou-bon*[1].

J'ai eu déjà l'occasion d'expliquer ces dialogues à l'École impériale des langues orientales vivantes, et mes auditeurs ont acquis la conviction qu'ils étaient d'un utile secours pour apprendre à parler poliment la langue des Japonais. J'espère que, publiés sous la forme modeste qui leur a été donnée aujourd'hui, et à un prix très-minime, ils ne seront pas moins utiles aux orientalistes et aux voyageurs privés du secours d'un professeur et appelés à entreprendre seuls l'étude du riche

1. 俗文

et curieux idiome des insulaires de l'extrême Orient.

J'ai le regret de ne pouvoir encore annoncer d'une manière précise l'apparition de la seconde livraison de mon grand *Dictionnaire japonais-français-anglais*, bien que les éditeurs soient en ce moment occupés des dispositions matérielles à prendre pour l'imprimer d'une manière aussi rapide et aussi satisfaisante que possible. Une telle publication entraîne des difficultés qui ne se lèvent qu'à prix d'argent, et jusqu'à ce jour les japonistes ne sont pas encore assez nombreux pour engager les libraires à de grands sacrifices pécuniaires. J'espère cependant que les dernières difficultés seront bientôt levées; et, en attendant, je donnerai aux amis des lettres orientales, outre la première partie de ma *Méthode*, quelques *Spécimens d'ouvrages japonais* reproduits en fac-simile et traduits pour la première fois en français. L'accueil accordé à ces spécimens nous apprendra si l'on peut déjà se hasarder à offrir au public la traduction d'un ouvrage original de longue haleine, ou si une telle entreprise est encore prématurée.

DE LA

PRONONCIATION JAPONAISE

On remarque, dans les diverses provinces du Japon, quelques différences de langage et surtout de prononciation qui forment des sortes de dialectes; mais, en dehors de ces dialectes ou patois, qu'on trouve en usage dans la basse classe de la population, il existe une langue générale, policée, qui est comprise, dans tout l'archipel du Nippon, par quiconque possède un peu d'instruction. Et comme l'instruction est très-répandue dans ce pays, il résulte que lorsqu'on parle l'idiome de Myako ou de Yédo, on est sûr d'être compris à peu près par tous les Japonais depuis les îles Lou-tchou, sous la 25e latitude, jusqu'aux îles Kouriles, sous le 47e parallèle nord, sur un espace de plus de huit cents lieues d'étendue.

Nous nous occuperons donc uniquement ici de

l'idiome de Yédo, qui est d'ailleurs aujourd'hui le plus important pour les Européens, et qui diffère peu de celui des Japonais des deux ports ouverts au commerce : Hako-daté, dans l'île de Yéso, et Nagasaki, dans l'île des Kiou-siou.

Les Japonais possèdent cinq voyelles : *a, e, i, o, ou*, et vingt-quatre consonnes : *f, h, v, b, p*; — *k, g*; — *t, d, ts, dz, tch, dj*; — *ch, j*; *s, z*; — *m, n, ñ*; — *r, w, y*.

Voici, en résumé, les observations nécessaires pour les prononcer correctement.

VOYELLES.

a, se prononce comme dans *ch*A*t*.
e, — — *pât*É.
i, — — *fourm*I.
o, — — *numér*O.
ou, — — *ch*OU.

DIPHTHONGUES.

aï, eï, oï, comme dans *h*AÏ*r*.
aë, oë, — *po*È*te*.
au, — l'anglais *how*.

Ces différentes voyelles sont parfois brèves, et alors on les écrit *a, e, i, o, oŭ*. Lorsqu'au contraire elles sont suivies du signe indicatif de la longue, on les écrit *â, ê, î, ô, oû*. Les deux derniers seulement sont usités dans la pratique quotidienne.

CONSONNES.

f se prononce, dans un petit nombre de localités seulement, comme en français. Ailleurs, notamment à Yédo, cette consonne (si ce n'est lorsqu'elle est suivie de *ou*) tient le milieu entre les sons de *f* et de *h*, à peu près comme *h* dans le mot espagnol *hermoso* (latin *formosus*). — Devant la voyelle *i*, le son de l'*f* est un peu grasseyé et diffère de tous les sons qui nous sont connus dans les autres langues du globe. (Faire prononcer par un indigène ou par un professeur les mots *fito* « l'homme », *fitotsou* « un », *fima* « loisir », *fira* « uni », *fitsouzi* « un mouton », etc.) L'*f* japonais devient assez souvent *v*, surtout au milieu des mots et dans l'article déterminatif *va*, où il se confond avec *w*.

h est dur et se rapproche du *j* espagnol ou du خ arabe. Ex. : *heï* « oui », *he-'a* « chambre ».

v se prononce comme dans *vase*.

b — *bateau*.

p — *pot*.

k — *kilogramme*.

g — *gâteau*.

t — *tour*.

d — *don*.

s se prononce comme dans *salon*, quelle que soit sa place dans un mot : il faudra en conséquence lire le mot *asa*, non point *aza*, mais *aça*, en conservant à la consonne *s* sa valeur inaltérable. Devant l'*y*, l'*s* japonais prend d'ordinaire la prononciation de *ch*; mais devant *i* ou *e*, il a un son à peu près semblable à celui du *ch* allemand dans *ich*, *dich*, *mich*, ou du *g* allemand dans *gütig*, *artig*.

z a le son de cette même lettre dans le mot *zéro*; mais devant l'*y*, il se confond, comme son, avec la lettre *j*. Devant *i* ou *e*, il a un son qui manque dans toutes les autres langues que nous connaissons, mais dont on peut se former une idée

en se rappelant que les syllabes japonaises *zi*, *ze* sont aux syllabes japonaises *si*, *se* (expliquées plus haut) ce que sont les sons français *gi* (dans GI*rafe*), *jé* (dans JE*t*) aux sons français *chi* (dans *gâ*CHIS), *ché* (dans *gâ*CHÉ). Devant *ou*, il se confond souvent aussi avec *dz*.

sy se prononce ordinairement comme *ch* dans CH*at*.

zy se prononce comme *sy* adouci, ou comme la consonne *j* dans le français J*eu*.

ts se prononce comme dans TS*ar;* allemand ʒ; russe ц. (Pour la prononciation de *ts* devant *i*, voir la remarque relative à la consonne *s*.)

dz comme le précédent, mais adouci. D'ailleurs les deux lettres qui représentent ici le son japonais suffisent pour le bien faire comprendre.

tsy comme *tch* dans ces mots prononcés rapidement : *on* T' CH*erche;* russe ч.

dzy comme le groupe précédent, mais adouci, tel que *dj* dans le mot *ra*DJ*a;* arabe ج. (Voy. la remarque pour la consonne *zy*.)

m se prononce comme dans M*er*.

n — — N*atte*; employée comme lettre finale, elle a tantôt le même son que dans le mot français *â*N*e* (ex. : タクサン *tak-san* « beaucoup »), tantôt un son nasal, et alors on emploie pour la transcrire la lettre tildée qui suit.

ñ se prononce comme *n* dans *to*N. (Ex. : ニッポン *Nippoñ.*)

r tient à la fois du son de notre *r* et de notre *l*. Suivant les provinces, sa prononciation penche plus ou moins vers l'une ou l'autre de ces semi-voyelles : les habitants de Yédo, par exemple, prononcent assez bien le mot R*ôti*, mais ils parviennent rarement à dire le mot *e*LL*e*.

w a le son du double *w* anglais dans W*e*, W*oman*, ou de l'*ou* dans le français OU*i*. Souvent les Japonais le confondent avec le son *v*. La syllabe *wo*, au commencement des mots, se prononce simplement *o*.

y se prononce comme dans Y*atagan*, et doit être toujours considéré comme une consonne, ou au moins comme une semi-voyelle, dans les mots japonais. C'est à ce titre qu'il entre en combinaison avec *s*, *z*, *ts*, *dz*, pour former les sons particuliers dont il a été traité plus haut.

Voici maintenant le tableau des quarante-sept caractères qui composent le syllabaire japonais. Ce tableau est disposé suivant l'ordre de l'*irofa* communément adopté par les insulaires du Nippon :

イ *i*	ト *to*	ワ *wa*	ツ *tsou*	ヰ *yi*	ケ *ke*	サ *sa*	ヱ *e*
ロ *ro*	チ *tsi*	カ *ka*	ネ *ne*	ノ *no*	フ *fou*	キ *ki*	ヒ *fi*
ハ *fa*	リ *ri*	ヨ *yo*	ナ *na*	オ *o*	コ *ko*	ユ *you*	モ *mo*
ニ *ni*	ヌ *nou*	タ *ta*	ラ *ra*	ク *kou*	エ *ye*	メ *me*	セ *se*
ホ *fo*	ル *rou*	レ *re*	ム *mou*	ヤ *ya*	テ *te*	ミ *mi*	ス *sou*
ヘ *fe*	ヲ *wo*	ソ *so*	ウ *ou*	マ *ma*	ア *a*	シ *si*	ン *n final.*

Les personnes qui voudront se familiariser avec ces signes[1], qui sont employés dans un grand nombre de dictionnaires indigènes, et qui remplissent souvent au Japon le même office que le caractère *italique* dans nos livres, devront recourir aux ouvrages spécialement consacrés à l'enseignement de l'écriture japonaise[2], le cadre de ce petit recueil de dialogues ne nous permettant pas de nous étendre davantage sur cette matière.

1. On les désigne au Japon sous le nom de *kata-kana* (片假名), c'est-à-dire « caractères de fragments », parce qu'ils ont été primitivement formés de fragments de signes chinois. Voy. à ce sujet la Notice sur l'écriture au Japon, dans la *Revue orientale et américaine,*, tome VIII, page 198 et suiv.

2. *Manuel de la lecture japonaise*, à l'usage des voyageurs et des personnes qui veulent s'occuper de l'étude du japonais, par Léon de Rosny. Amsterdam, 1859; in-12.—Traduit en hollandais sous ce titre : *Handboekje voor de beginselen van het lezen en schrijven der Japansche taal, etc.; naar het Fransch.* Amsterdam, 1862; in-12. — *Exercices de lecture japonaise kata-kana.* Paris, 1864, in-12. (A Paris, chez Maisonneuve et Ce, libraires-éditeurs, quai Voltaire, 15.)

GUIDE

DE LA

CONVERSATION JAPONAISE

PREMIER DIALOGUE.

Koñ-nits-va.

Bonjour. (*Litt.* : pour ce qui est d'aujourd'hui!)

Koñ-bañ-va.

Bonsoir. (*Litt.* : pour ce qui est de ce soir!)

Koñ-ya-va.

Bonne nuit. (*Litt.* : pour ce qui est de cette nuit!)

Anata-va go-ki-gen yorosiki ya?

Comment vous portez-vous?

Aï-kawarou-ki-mo gozari-masenoŭ.

Toujours de même (bien).

Watakousi-va fou-kwaï de gozari-masoŭ.

Mal (je ne vais pas bien).

Anata-no añ-baï-va idzou-de-mo yorosyou gozari-masoŭ ka?

Votre santé est-elle toujours bonne?

Sigokoŭ yorosyou gosari-masoŭ.

Elle est excellente.

Watakoŭsi-va syo-syo fou-kwaï de gozari-masoŭ

Je suis un peu souffrant.

Anatava go-añ-zen de gozari-masoŭ.

Vous avez bonne mine.

Watakoŭsi-va yofodo koudabirete-ori-masoŭ.

Je suis très-fatigué.

Watakoŭsi-va dzou-tsoû-ga itasi-masoŭ.

J'ai mal à la tête.

X... sama-va ikaga irasiyaï masoŭ ka?

Comment se porte monsieur X...?

Kimi.

Monseigneur.

Sama (en sinico-japonais : *kô*).

Monsieur.

Dono.

Sieur, le sieur.

Go-si-deñ.

Madame (pour le rang le plus élevé).

O-sou-maé.

Madame (rang élevé).

Okoŭ-sama.

Madame (femmes des *daï-myô* ou princes féodaux, des *fata-moto* ou serviteur du taïkoun, souverain temporel).

Go-sin-zo-sama.

Madame (classe moyenne; femmes des officiers, médecins, interprètes, etc.).

Go-kanaë-sama.

Femme (du peuple).

Tsitsi. — *Toto.* — *O-toto sama.*
Père. — Papa. — Mon papa.

Fafa. — *Kaka.* — *O-kaka sama.*
Mère. — Maman. — Ma maman.

Dzidzi. — *Tosiyori.*
Grand-père. — Vieillard.

Baba. — *Tosiyori onna.*
Grand'mère. — Femme âgée.

O-dzi. — *O-ba.*
Oncle. — Tante.

Kyôdaï. — *Ani.* — *Otô-to.*
Frère. — Frère aîné. — Frère cadet.

Aneïmoto. — *Ane.* — *Imô-to.*
Sœur. — Sœur aînée. — Sœur cadette.

Tsouma (sinico-japonais : *Nyo-bô*).
Épouse.

Mousouko (sinico-japonais : *Nan-si*).
Fils.

Mousoumé (sinico-japonais : *Nyo-si*).
Fille.

Oï. — Meï.
Neveu. — Nièce.

Fito. — Otoko. — Onna.
Individu. — Homme. — Femme.

Ko (*ko-domo*). — *Mago.*
Enfant. — Petit-fils, descendant.

Tomo (sinico-japonais : *Fô-iou*).
Ami, compagnon, camarade.

Yokoŭ o-ide nazare-masita,
Soyez le bien-venu.

O-agari-nazare-mase.
Veuillez entrer.

Go-soŭwari nazare-maze.
Veuillez vous asseoir.

Watakoŭsi-va anata-no itoma-wo tsoui yasoŭ to omoï masoŭ.
Je crains d'abuser de vos instants.

Watakoŭsi-va myô-nitsĭ maëri-masyô.

Je reviendrai demain.

Anata-va watakoŭsi-ni oñ-wo kaë-si-masyô.

Vous me rendrez un grand service.

Nani-sina-ga nyoû-yô de gozaroŭ ka?

Avez-vous besoin de quelque chose?

Nan-zo sasi-age-masyô ka?

Que pourrais-je vous offrir?

Ari-gatô. — Ari-gatô zoñ-zi-masoŭ.

Merci. — Agréez mes remercîments.

Watakoŭsi nani-mo iri-masenoŭ.

Je n'ai besoin de rien.

Watakoŭsi-va myô-nitsĭ anata-no kataë o-mi-maëni maëri-masyô.

Demain, j'aurai l'honneur de vous faire une petite visite.

Watakoŭsi-va makoto-ni meñ-bok-ni gozari-masoŭ.

J'en serai fort honoré.

Anata-va watakoŭsi-ni o-na to o-tokoro gaki-wo koudasare-mase.

Veuillez m'écrire votre nom et votre adresse.

Watakoŭsi-va mattakoŭ anata-no o-sasi-dzou towori-ni itasi-masoŭ.

Je me tiens entièrement à votre disposition.

Anata-va si-gokoŭ yasasyou gosari-masoŭ.

Vous êtes très-aimable.

Sayô-nara.

Au revoir.

O-me-ni kakari-masyô.

Nous nous reverrons.

DEUXIÈME DIALOGUE.

Nañ-doki de gozari-masouroŭ ka?
Quelle heure est-il!

Firoŭ.
Midi.

Yoroŭ.
Minuit.

Firou-maë.
Avant-midi.

Firou-sougi (*notsi*).
Après-midi.

Toki (sinico-japonais : *zi*)
Heure (1/12 du jour),

Kok.
Division (1/8).

Boun.

Minute (1/15).

Meô.

Seconde (1/60).

Ne-no toki ou
Kokonotsoŭ-no toki.

Heure du rat *ou* neuvième heure (de onze heures du soir à une heure du matin).

Ousĭ-no toki ou
Yatsoŭ-no toki,

Heure du bœuf *ou* huitième heure (de une heure à trois heures du matin).

Tora-no toki ou
Nanatsoŭ-no toki.

Heure du tigre *ou* septième heure (de trois heures à cinq heures du matin).

Ou-no toki ou
Moutsoŭ-no toki.

Heure du lièvre *ou* sixième heure (de cinq heures à sept heures du matin).

Tatsoŭ-no toki ou
Itsoutsoŭ-no toki.

Heure du dragon *ou* cinquième heure (de sept heures à neuf heures du matin).

Mi-no toki ou
Yotsoŭ-no toki.

Heure du serpent *ou* quatrième heure (de neuf heures à onze heures du matin).

Moŭma-no toki ou
Kokonotsoŭ-no toki.

Heure du cheval *ou* neuvième heure (de onze heures du matin à une heure du soir).

Fitsoŭ-no toki ou
Yatsoŭ-no toki.

Heure du bélier *ou* huitième heure (de une heure à trois heures du soir).

Saroŭ-no toki ou
Nanatsoŭ-no toki.

Heure du singe *ou* septième heure (de trois heures à cinq heures du soir).

Tori-no toki ou
Moutsoŭ-no toki.

Heure du coq *ou* sixième heure (de cinq heures à sept heures du soir).

Inou-no toki ou
Itsoutsoŭ-no-toki,

Heure du chien *ou* cinquième heure (de sept heures à neuf heures du soir).

I-no toki ou
Yotsoŭ-no-toki.

Heure du sanglier *ou* quatrième heure (de neuf heures à onze heures du soir.

Ma-firou de gozari-masoŭ.

Il est midi.

Ni-zi de go-zari-masoŭ.

Il est deux heures (de l'horloge européenne).

Imada de gozari-masoŭ.

Pas encore.

Mo-faya sayô de gozari-masoŭ ka?

Déjà? (Est-ce que déjà il est réellement cette heure-là?)

Kitto sayô-de gozari-masoŭ-ka?

Est-ce bien sûr?

Watakoŭsi-va ko-ko-ni mi toki-no aïda-ni maëri-masoŭ.

Je reviendrai ici dans l'espace de trois heures

Fan-toki-no aïda watakoŭsi-wo o-matsi nazare-mase.

Veuillez m'attendre l'espace d'une demi-heure.

Go-zi-ni ko-ko-ni o-ide nazare-mase.

Veuillez venir ici à cinq heures.

Kitto o-ide nazare-mase.

Soyez exact. (*Litt.* : Veuillez venir exactement.)

Watakoŭsi-va yak-sok si-masoŭ.

Je vous le promets. (*Litt.* : Je fais engagement.)

Watakoŭsi-va dé-néba naranoŭ.

Il faut que je m'en aille.

Amari osokoŭ ari-masoŭ.

Il est très-tard.

Iiye, mada fayakoŭ ari-masoŭ.

Non, il est encore de bonne heure.

Sikaraba watakoŭsi-va anata-to tomo-ni sibarakoŭ i-masyô.

Eh bien! je resterai encore un peu avec vous.

Itsoŭ anata o-modori nazare-masoŭ ka?

Quand me ferez-vous l'honneur de revenir?

Tsyô-do fouta toki-no aïda-ni.

Dans l'espace de deux heures précises.

Sikaraba watakoŭsi o-matsi mô-si-masyô

J'aurai donc l'honneur de vous attendre.

Ziki-ni, o-me-ni kakari-masoŭ.

A bientôt, au revoir. (Nous nous reverrons.)

TROISIÈME DIALOGUE.

Ten-ki-va dôde gozari-masoŭ ka?
Quel temps fait-il?

Yoï ten-ki de gozari-masoŭ.
Il fait beau temps.

Waroui ten-ki de gozari-masoŭ.
Il fait mauvais temps.

Fi. — Fi-no fikari.
Soleil. — Rayons de soleil.

Tsouki. — Sin-gets. — Man-gets.
Lune. — Nouvelle lune. — Pleine lune.

Nizi. — Ama-no gawa.
Arc-en-ciel. — Voie lactée. (*Litt.* : Rivière céleste.)

Kaze. — Kita-kaze. — Daï-foû.

Vent. — Vent du Nord. — Typhon (grand vent).

Koumo. — Kaminari. — Inabikari.

Nuage. — Tonnerre. — Éclair.

Amé. — Naga-ame. — Niwaka-ame.

Pluie. — Longue pluie. — Averse.

Youki. — Arare. — Moutsoŭ-no fanabira.

Neige. — Grêle. — Flocon de neige.

Daï-kan. — Simo.

Gelée. — Gelée blanche.

Kôri. — Mizore.

Glace. — Verglas.

Youki-ge-no midzoŭ. — Tsouyoŭ.

Dégel. — Rosée.

Kiri.

Brouillard.

Atsousa. — Samousa. — Soudzousisa.

Chaleur. — Froid. — Fraîcheur.

Yoï ten-ki. — Koumoritaroŭ ten-ki. — Waroui ten-ki.

Beau temps. — Temps nuageux. — Mauvais temps.

Ame-ga fouri-masyô.

Il va pleuvoir.

Atsoui ten-ki dé gosari-masoŭ.

Le temps est chaud (il fait chaud).

Samoui ten-ki dé gozari-masoŭ.

L'air est froid (il fait froid).

Watakoŭsi-domo-va kon-nitsi-no firou-go-yori fo-kô itasi-masyô.

Nous irons faire une promenade cette après-midi.

Inaka-ni maëri-masyô.

Allons à la campagne.

Makoto-ni, tanosimi dé gozari-masoŭ.

En vérité, cela me sera fort agréable.

Sore-va amari fokori-ga ofokoŭ ari-masoŭ.

Il fait trop de boue.

Kazé-ga osorosyou gozari-masoŭ.
Le vent est épouvantable.

Sikaraba watakoŭsi-domo-va outsi-ni ori-masyô.
Alors nous resterons chez nous.

Watakoŭsi-domo-va kon-ban si-baï-ni maëri-masyô.
Nous irons ce soir au théâtre.

QUATRIÈME DIALOGUE.

Tada-ima do-ko-ni o-ide nazare-masoŭ ka?
Où allez-vous en ce moment?

Watakoŭsi-no outsi-ni syok-zi-ni youki-masoŭ.
Je vais dîner chez moi.

Watakoŭsi-to is-syo-ni o-ide nazare-mase.
Veuillez venir avec moi quelque part.

Is-syo-ni syok-zi-wo si-masyô.
Nous dînerons ensemble.

Tada-ima ike-masenoŭ.
Je ne puis pas en ce moment.

Watakoŭsi-va fimo-syoŭ gozari-masoŭ.
J'ai faim.

Watakoŭsi-va nodoga kavaki-masoŭ.
J'ai soif.

Anata ano sara-no sina-wo o-tori nazare-mase.
Veuillez prendre de ce plat-là.

Ari-gatô, tak-san de gozari-masoŭ.
Merci; j'en ai beaucoup.

Watakoŭsi-ni are-wo mo soŭkosi koudazare-mase.
Donnez-m'en encore un peu.

Kono nikou-va o-souki de nazare-masoŭ ka?
Aimez-vous cette viande?

Fana-fada souki-de gozari-masoŭ.
Je l'aime beaucoup.

Kore-va fanafada yoros-you gosari-masoŭ.
Elle est très-bonne.

Tabe-mono. — Fiô-rô.
Aliments, nourriture. — Provisions.

Asa-mesi. — Firou-mesi. — Yoŭ-mesi.
Déjeuners. — Dîner. — Souper.

Nita-nikoŭ.

Bouilli (littéralement : bouillie-viande).

Yaki-nikoŭ.

Rôti (littéralement : rôtie-viande).

Ousi-no nikoŭ.

Bœuf (littéralement : de bœuf-viande).

Ko-ousi-no nikoŭ.

Veau (littéralement : de veau-viande).

Fitzouzi-no nikoŭ.

Mouton (littéralement : de mouton-viande).

Bouta-no nikoŭ.

Porc (littéralement : de porc-viande).

Sakana. — *Nita-ouwo.* — *Yaki-ouwo.*

Poisson. — Poisson bouilli. — Poisson rôti.

Fi-ouwo. — *Iwasi.* — *Firame.* — *Koï.* — *Kaki.*

Poisson sec. — Sardines. — Sole. — Carpe. — Huîtres.

Tamago. — *Kataki tamago.*

OEuf. — OEuf dur.

Atarasii tamago. — Yawarakana-tamago.
OEuf frais. — OEuf à la coque.

Komé. — Mesi. — Motsi. — Pan.
Riz. — Riz bouilli. — Gâteau. — Pain.

Mougi. — Mougi-mesi. — Oho mougi. — Daï-wô.
Millet. — Millet bouilli. — Orge. — Rhubarbe.

Yasaï. — Mamé. — Kaboura. — Fitomozi.
Légumes. — Haricots. — Navets. — Oignons.

Nin-nikoŭ.
Ail.

Satsoŭma-imo.
Pommes de terre (littéralement : patates de Satsouma).

Mitsoŭ. — Siwo. — Karasi. — Kwa-si.
Miel. — Sel. — Moutarde. — Fruits.

Sakoura.. — Ansou. — Moume. — Momo.
Cerises. — Abricots. — Prunes. — Pêches.

Bou-dô. — Itsigo. — Kouri. — Rin-go. — Nasi.

Raisins. — Framboises. — Marrons. — Pommes. Poires.

Sa-tô. — Siro-sa-tô. — Kôri-sa-tô. — Ko-sa-tô.

Sucre (brun). — Sucre blanc. — Sucre candi. — Cassonade.

O-kawaki nazare-masoŭ ka?

Avez-vous soif?

Ari-gatô, kawaki masenoŭ.

Merci, je n'ai pas soif.

Tsi-to kono rikioŭroŭ-wo o-nomi nazare-masoŭ ka?

Veuillez prendre un peu de cette liqueur.

F'rans' sake-wo o-souki nazare-masoŭ ka?

Aimez-vous le vin français?

Fanafada souki-masoŭ.

Je l'aime beaucoup.

Sake. — Tsiou. — Siroï-sake. — Akaï-sake.

Vin japonais. — Vin chinois. — Vin blanc. — Vin rouge.

Mougi-sake.

Bière.

Syô-tsiou.

Eau-de-vie.

Tsya. — Nippoñ-no tsya.

Thé. — Thé japonais.

Midzoŭ.

Eau.

Aboura. — Sou.

Huile. — Vinaigre.

Tabako. — Maki-tabako. — Ki-seroŭ.

Tabac. — Cigares. — Pipes.

Tabako-wo-nomou.

Fumer (littéralement : boire le tabac).

Tsya ip-paï o-nomi nazare-mase.
Veuillez prendre une tasse de thé.

Anata-no yasasii o-tori-motsi ari-gatô gozari-masoŭ.
Merci de votre aimable invitation.

Tsito tabako-wo o-nomi nasare-masen ka?
Voulez-vous fumer un peu?

Anata Nippoñ-no tabako-ga ari-masoŭ ka?
Avez-vous du tabac japonais?

Ko-ko-ni maki-tabako-to ki-seroŭ-to gozari-masoŭ.
Voici des cigares et des pipes.

CINQUIÈME DIALOGUE.

Anata' Frans' go-wo o-tsoukaï nazare-masoŭ ka?
Parlez-vous français?

Soŭkosi bakari.
Un peu (littéralement : un peu seulement).

Fanafada yokoŭ.
Très-bien.

Sidzoŭka-ni o-fanasi nazareba wakari-masoŭ.
Si vous parlez doucement, je vous comprendrai.

Watakoŭsi-va soŭkosi bakari tsoukaï-masoŭ; sikasi in-ga waroŭ gozari-masoŭ.
Je parle un peu, mais je prononce mal.

Anata fayakoŭ o–ii-nazaroŭ watakoŭsi wakari-masenoŭ.
Vous parlez trop vite, je ne comprends pas.

Nani-tozo mo itsi-do o-fanasi koudasare-mase.

Répétez, s'il vous plaît.

Anata watakoŭsi-ni nik-kwa-wo o-sadzoŭke koudasare masyô ka?

Voudriez-vous me faire l'honneur de me donner des leçons?

Sô si-masoŭ.

Je suis à vos ordres.

Makoto-ni, arigatô zon-zi-masoŭ.

Vraiment, je vous en remercie beaucoup.

Nippoñ-no zi-biki-wo o-motsi nasare-masoŭ ka?

Avez-vous un dictionnaire japonais?

Heï, fitotsoŭ gozari-masoŭ, sikasi kata-kana bakari nite nippoñ syo-mots-wo ge-sourou-koto-va de-kimasenoŭ.

Oui, j'en ai un; mais comme il n'a que des caractères kata-kana, il ne peut pas me servir à expliquer les livres japonais.

Nippoñ zi-biki-va yoŭ-yô-no mots-ni site kañ-zi to wazi to o-taï-yak-sourou-wo yeô to sou.

Pour qu'un dictionnaire japonais puisse être utile, il faut qu'on y trouve chaque mot en caractères chinois et en caractères japonais.

Fito-ga kata-kana bakari sirou toki-ni-va, nippoñ-no syo-mots-wo ge-si ye-masenoŭ

Quand on sait lire seulement l'écriture kata-kana, on ne parvient à rien expliquer des livres japonais.

Kata-kana bakari-nite kaïtarou syo-mots-va gozari-masenoŭ.

Il n'y a pas de livre japonais qui soit écrit en caractères kata-kana seulement.

Nippoñ-nite sippañ-sitaroŭ syo-mots-no outsi-ni-va kan-zi-ga kanarazoŭ ari-masou.

Dans tous les livres imprimés au Japon, il y a des caractères chinois.

Anata-va tada-ima zokoŭ-bouñ-wo manaboŭ-koto-ni toki-wo o-motsi-i nazare-mase.

Veuillez maintenant employer votre temps à étudier l'écriture vulgaire appelée zokou-boun.

Anata-no o-sousoŭme-ni yotte watakoŭsi-no syô-tatsoŭ-ga fayakoŭ nari-masyô.

Grâce à vos conseils, je ferai de rapides progrès.

SIXIÈME DIALOGUE.

Watakoŭsi soto-ni deneba nari-masenoŭ.
J'ai besoin de sortir.

Watakoŭsi-to is-syo-ni soto-ni o-ide nazare-masoŭ ka?
Voulez-vous sortir avec moi?

Watakoŭsi-domo kaï-mono-ni da-site koudasare-mase.
Allons ensemble faire des emplettes.

Kono mise-ni fa-ira-sete koudasare-mase.
Entrons dans cette boutique.

Watakoŭsi-va ko-ko-ni kaï-mono-ni kitari-masĭta.
Je suis venu ici pour faire des acquisitions.

Nani-no go-yô-zi?
Qu'avez-vous besoin?

Nani o-me-ni kakari-masyô ka?
Que vous montrerai-je?

Kamouri. — Bô-si.

Chapeau de cérémonie. — Chapeau.

Syou-bañ. — Ki-mono. — Fawori.

Chemise. — Vêtement. — Manteau.

Fakama. — Naga-fakama.

Culotte. — Pantalon.

Koutsoñ. — Naga-goutsou. — Te-nouki.

Soulier. — Bottes. — Gants.

Momen. — Sarasa.

Toile. — Indienne.

Kinou. — Syousou. — Doñsou. — Kaï-ki.

Soie. — Satin. — Damas. — Taffetas.

Nouno. — Wata. — Oura.

Laine. — Coton (ouate). — Doublure

Ito. — *Iro-ito.* — *Iro-itro-no ito.*

Fil. — Fil de couleur. — Fils variés.

Birôdo.

Velours.

Iye. — *He-ya.* — *Za-siki.*

Maison. — Chambre. — Salle.

Ne-ma. — *Daï-dokoro.* — *Iye-dogou.*

Chambre à coucher. — Cuisine. — Meubles.

Ne-doko. — *Foutoñ.* — *Makoŭra.*

Lit. — Matelas. — Traversin.

Tsoukouye. — *Mesi-tsoukouye.* — *Maroui-tsoukouye.*

Table. — Table à manger. — Table ronde.

Isou. — *Kyok-rok.* — *Mousiro.*

Chaise. — Tabouret. — Natte, estère.

Byô-bou. — *Tatami.* — *Kagami.*

Paravent. — Paillasson. — Miroir.

Fon-bako. — Tokeï. — Fi-tomosi.
Bibliothèque. — Pendule. — Lampe.

Syok-daï. — Fako. — Kane-bako.
Chandelier. — Boîte. — Coffre-fort.

Ko-gatana. — Sazi. — Sara.
Couteau. — Cuiller. — Assiette.

Fatsi. — Sakadaroŭ. — Fii-doro.
Plat (de bois). — Bouteille. — Verre.

Tsya-wan. — Yaki-mono. — Seto-mono.
Tasse à thé. — Porcelaine. — Poterie.

Kagami. — Donbouri. — Kamisori.
Miroir. — Peigne. — Rasoir.

Ôgi. — Sabon. — Taki-mono.
Eventail. — Savon. — Parfums.

Syô-mots. — Fon. — Zi-biki. — Kami.
Livre. — Volume. — Dictionnaire. — Papier.

Kami-ire. — Ye-fon.
Portefeuille. — Album, livre d'images.

Ye-dzoŭ, dzou. — Foude. — Soumi.
Carte, plan. — Pinceau. — Encre.

Souzoŭri.
Encrier (pierre à broyer l'encre).

Isi-bya. — Teppô. — Ko-teppô.
Canon. — Fusil. — Pistolet.

Teppô-kousouri. — Youmi. — Ya. — Foko.
Poudre. — Arc. — Flèche. — Lance.

Tsouroŭgi. — Fata. — Foune. — Ikari.
Glaive. — Drapeau. — Vaisseau. — Ancre

Kono ne-dan-va ikoŭra si-masoŭ ka?
Quel est le prix de cela? (Combien cela fait-il?)

Kono tan-mono ippiki-va nani-fodo-de gozari-masoŭ?

Combien cette pièce d'étoffe?

Ni-dzyoû frank' de gozari-masoŭ.

Elle coûte vingt francs.

Kane, zeni.

Argent, monnaie[1].

Sore-va fanafada takô gozari-masoŭ.

C'est fort cher.

Atsira kotsira de gozari-masoŭ, kore-va fanafada yoï sô-ba de gozari-masoŭ.

Au contraire, c'est très-bon marché.

Tsito ne-biki-ga de-ki-masoŭ ka?

Pouvez-vous diminuer quelque chose?

Sore-va de-ki-masenoŭ.

C'est impossible.

Sore-de-va kaï ye-masenoŭ.

Alors, je ne puis l'acheter.

1. Voyez ci-après le tableau des mesures, poids et monnaies des Japonais.

APPENDICE.

MESURES, POIDS ET MONNAIES

DE L'EMPIRE JAPONAIS.

La notice qui suit a été composée, d'après des documents originaux, par M. CHARLES DE LABARTHE, professeur de mathématiques, bibliothécaire-adjoint de la Société asiatique, et l'un des auditeurs les plus distingués du cours de japonais à l'École spéciale des langues orientales. — DE R.

MESURES.

Mesures linéaires.

L'unité est le SASI ou SYAK ou pied japonais qui = $0^m,303$ et répond au *tchih* ou pied chinois.

Il se divise en 10 SOUN; le *soun* = $0^m,0303$ et répond au *thsun* ou pouce chinois.

Le *soun* se divise en 10 BOUN; le *boun* = $0^m,0030$. Il se divise en 10 RIN. Le *boun* représente la longueur d'un grain de riz, et le *rin*, l'épaisseur d'un fil de soie.

Le *tchih* (pied chinois), qui paraît s'être introduit au Japon avec la division décimale et le système monétaire qui en résulte, a non-seulement varié selon les localités et sous les différentes dynasties chinoises, mais son échelle elle-même n'a pas été fixe dans son pays natal. Divisé primitivement en 9 *thsun* par l'empereur Hoang-ti, il fut divisé en 10 *thsun* par l'empereur Chun; les Han et les Soung reprirent la division *nonaire;* cependant la division décimale a prévalu après ces empereurs, et il est à remarquer que chaque dynastie a eu un *tchih* d'une longueur différente et qui a été en s'agrandissant toujours. Il en est de même de la livre et du *liang* ou du poids unitaire d'or et d'argent; — ce qui prouve qu'en ces contrées, comme en Europe, la valeur du travail et des métaux précieux s'est abaissée au fur et à mesure de leur abondance.

Les Japonais ont ensuite : une toise de 5 *syak*, le FIRO qui se rapporte sans doute aux petites statures et sert à mesurer le bois; le KEN qui = 6 *syak* + 3 *soun* = $1^m,909$; c'est l'équivalent de notre toise, qui fixe sans doute la plus haute taille de l'homme, ainsi que la double brasse ou le *pou*, qui est le double pas qui ramène le pied de départ en avant.

Le ZYÔ vaut 2 *ken*.

De là ils ont tiré leurs mesures itinéraires : 60 *ken* ou *pou* = 1 TSYÔ ou MATSI (rue), dont la longueur est de $114^m,55$.

36 *matsi* font 1 RI, qui = $4123^m,44$. L'ancienne lieue japonaise était de 50 *matsi*.

Mesures de superficie.

L'unité de surface est le POU ou TSOUBO qui est un carré de 1 *ken* de côté, lequel = $3^m,644$.

Le SE est l'unité agraire : c'est une surface de 30 *pou* ou *ken* carrés, et qui conséquemment a 5 *ken* d'un côté sur 6 de l'autre. Jadis ce *se* était un carré régulier qui renfermait 36 *pou*. Le TAN est le décuple de ce *se*, et le TSYÔ en est le centuple.

Mesures de solidité et de capacité.

L'unité est le SYÔ ou MASOU qui est la 1/16 partie du pied cube japonais. Il provient d'un solide qui a 1/2 pied de long sur 1/2 pied de large et seulement 1/4 de pied de profondeur. Le *syô* répond au *ching* chinois (de $1^{litre},03$ selon M. Natalis Rondot) et contient 0^{mmm} 001738 ou environ 1 litre 3/4. Les Hollandais lui donnent le nom malais de *gantang*.

Le *syô* se divise en 10 GÔ, en 100 *syak*, en 1000 SAI. Il est à remarquer que 5 *gô* sont juste la mesure de riz nécessaire pour nourrir un homme pendant un jour.

Un KOK, équivalent de nos tonneaux, = 10 TÔ = 100 *syo*, et vaut conséquemment $\frac{100}{6}$ ou 6 1/4 pieds cubiques japonais ou $173^{litres},86$.

POIDS.

L'unité de poids est le MON-MÉ, qui vaut 1 gramme 3/4 et paraît être l'ancien *liang* chinois, qui avait juste la même valeur. — 160 de ces *mon-mé* = $0^k,280$ et font une livre japonaise, laquelle vaut à peu près la 1/2 du *catty* ou du *kin* moyen (570 grammes) qui est la livre chinoise, laquelle a varié selon les temps, et varie encore dans les différentes places de commerce de la Chine depuis 518 jusqu'à 622 grammes.

100 *mon-mé* = (1 FYAK-ME) = $0^k,175$.

1000 — = (1 KWAN-ME) = $1^k,375$ qui est le poid d'une mesure de riz.

La charge d'un cheval est évaluée à 36 *kwan* (63 kilog.).

Le *mon-mé*, dont 10 font 1 *taël* (prononcez *tèle*) ou *liang*, qui est l'once chinoise ou le poids unitaire d'or ou d'argent, se subdivise lui-même en 10 *poun*, en 100 *rin*, en 1000 *mô* (cheveu); — de sorte qu'on peut établir entre les poids la comparaison suivante :

Le *liang* chinois =	1 *taël*	= 1 *ryô*
= 10 *tsien*	= 10 *mace*	= 10 *mon-me*
= 100 *fen*	= 100 *condorins*	= 100 *poun*
= 1000 *li*	= 1000 *cashes* ou *sapèques*	= 1000 *rin* ou *mon*

Le RYÔ (*taël*-valeur) est une monnaie d'argent qui pèse 4 *mon-me* + 3 *poun*, et dont le décuple est le MAI.

MONNAIES.

Il y a un siècle que le père Amyot écrivait : L'argent n'est pas proprement monnaie en Chine ; quelque forme et quelque figure qu'il ait, il a cours en raison de son poids et de son karat. Un auteur chinois du XIIe siècle, Tsien-chi, fait remarquer que la valeur monétaire étant attachée au poids, cette valeur doit hausser ou baisser selon que la quantité d'argent qui circule, diminue ou augmente sur le marché. Il en est de même au Japon.

Les Japonais emploient quatre métaux soit comme objets de change, soit à titre de monnaies fabriquées : ce sont l'or, l'argent, le cuivre et le fer. Ils n'ont que deux hôtels impériaux où l'on frappe de la monnaie, l'un à Myako, l'autre à Yédo. Cependant chaque grand vassal de l'empire fait battre une monnaie qui a cours dans ses États : cette monnaie est généralement de cuivre.

Monnaies d'or.

L'unité des monnaies d'or est le KO-BAN, qui devrait renfermer un *ryô* de métal pur.

Elles sont de trois formes : 1° les premières sont ovalaires et portent différentes empreintes impériales auxquelles se joint souvent le poinçon du négociant qui a vérifié le titre et le poids de la pièce. On en distingue de deux sortes : le O-BAN (pour *oho* « grand », *ban* « morceau »), qui est large comme la paume de la main et vaut ordinairement 20 *ryô* d'or ; le KO-BAN (petit morceau), dont l'ancien, plus épais et de plus haut titre, vaut de 50 à 60 fr., tandis que le nouveau ne vaut généralement que 25 à 30 fr., selon le cours variable des monnaies. Le *ko-ban* d'or se divise en pièce de 1/2, 1/4, 1/8 et 1/16 de *ko-ban*.

Les deuxièmes sont de petites monnaies de forme parallépipède comme un bâton d'encre de Chine, marquées sur une face des armes impériales, et sur l'autre du nom de la dynastie régnante. Nous citerons entre autres les ITSI-BOU (litt. : « une partie » ou mieux une sur quatre) ; elles valent le 1/4 d'un *ko-ban*. Les Hollandais les appellent des *haricots d'or*.

Les troisièmes sont d'anciennes monnaies carrées ou rondes et faites comme les nôtres, qui, du reste, sont devenues fort rares.

Le cours de l'or est très-variable. Sa valeur moyenne, qui est d'un *ryô* d'or pour 60 *mon-me* (environ 14 *ryô*) d'argent, oscille entre 56 et 65 *mon-me* en dehors de Yédo.

Monnaies d'argent.

Elles sont de deux espèces : les premières qui sont jetées au moule et portent des inscriptions en relief de chaque côté, ont une valeur fixe. Nous distinguerons les suivantes, dont M. Léon de Rosny a, dans sa collection, des spécimens qu'il nous a permis de peser. Ce sont : 1° le NI-BOU-GIN (deux parties argent ou mieux une sur deux parties), qui vaut la 1/2 d'un *taël* et pèse 17g,4 (on sait que le poids du *taël* varie dans les différentes places de commerce de la Chine, et oscille entre 32 et 39 grammes); 2° le ITSI-BOU-GIN, qui pèse la 1/2 du poids du premier et vaut 1/4 de *taël*; 3° le NI-SYOU-GIN, pesant 39 grammes, et le IS-SYOU-GIN, du poids de 1g,9, qui représentent le 1/8 et le 1/16 du *taël*.

Les dernières monnaies, à valeur variable, ne s'échangent que pour la quantité de métal pur qu'elles contiennent. Ce sont les ITA-GANE (métal en barre), qui sont des lingots en forme de plaques ou de tiges — et les KO-DAMA (petites pierreries), espèces de boules aplaties fabriquées à Satsouma. On les pèse et on les estampille comme les *ita-gane*.

Monnaies de cuivre.

Ce sont des pièces coulées de différentes grandeurs avec un trou carré au milieu, et de la même forme que les *cashes* ou sapèques chinoises. Leur unité est le MON, qui devrait valoir 1 *rin* d'argent. On les appelle *zeni*, mot japonais qui est l'équivalent du chinois *tsien* (sin.-japonais : *sen*). Le ZENI ordinaire, selon M. de Montigny, vaut environ 4/10 de centime, car il en faut 6,800 pour équivaloir à un *ko-ban* nouveau. On sait que le *cash* chinois vaut environ 1/2 centime. — Il y a des SI-MON-ZENI ou quadruple *zeni*, et enfin une monnaie ovale et plus forte qui a la valeur de 100 *zeni*, et qui se nomme TÔ-FYAK.

Dans la principauté de Sen-daï, selon le même auteur, on fond des *cashes* carrés si fragiles qu'ils peuvent se briser en tombant. Aussi les enfilent-on sur un cordon au nombre de 100 ou de 1,000. Ce dernier paquet s'appelle un KWAN (enfilade) et vaut environ 90 centimes; ce qui porte la valeur du *zeni* à moins de 1/10 de centime.

Au Japon comme à la Chine, le papier monnaie a cours dans certaines principautés, et les billets sont nommés FOUDA ou SATS (tablettes), ou KIN-SATS (tablettes de métal), qui répondent aux pièces d'argent dont nous avons parlé ci-dessus. Il y a des billets de la valeur de 1/8 de *ko-ban* (environ 3 francs), et d'autres de plus minime valeur appelés *seni*, sans doute du nom de la monnaie de cuivre qu'ils remplacent.

TABLE DES MATIÈRES.

INTRODUCTION 7

DE LA PRONONCIATION JAPONAISE 11

Syllabaire japonais *kata-kana* 17

PREMIER DIALOGUE. — De la politesse 19

DEUXIÈME DIALOGUE. — De l'heure 26

TROISIÈME DIALOGUE. — Du temps 32

QUATRIÈME DIALOGUE. — Des repas et de la nourriture . . 36

CINQUIÈME DIALOGUE. — De l'étude de la langue japonaise. 43

SIXIÈME DIALOGUE. — Pour faire des emplettes : vêtements, — meubles et ustensiles, — articles de toilette, — objets pour un cabinet de travail, — armes 46

APPENDICE. — Mesures, poids et monnaies de l'empire japonais 52

PARIS. — IMPRIMERIE ÉDOUARD BLOT, RUE SAINT-LOUIS, 46

Texte Japonais

[illegible]

Les numéros donnés ci-après suivent l'ordre des phrases de Dialogue dans la partie française.

1	[illegible]
2	[illegible]
3	[illegible]
4	[illegible]
5	[illegible]

2

11	10		9	8		7	6
私も健[illegible]でござって居ます	你も尚安全でござります	ります	私ハ少ゝ不快で御座	私も極宜しうござります	ろしうござりますか	你の安否をいでもよ	私も不快で御座ります

12 私は頭痛がいたしました

13 一晩にいくどはきましたか

14 能くおいでなされました

15 起あがりなされませ

16 おすわりなされませ

17 私は僕の眼をいためたと

思いました

18 私共明日参りましょう

20 何ぞ御用でござり
ますか
21 何ぞさしあげま
しよか
22 有難。ーーぞんじます
23 私何歳入ませぬ
24 私も昨日米君托て
ご見前に参りましよ

25 私も真に面目ありませ
ぬ

26 你も・私に老兄と老兄と
さうさくござりませ

27 私も全く恐れ入り
貴国之通りで
致します

28 你も御挨拶なさいませ
ござりません

29

30

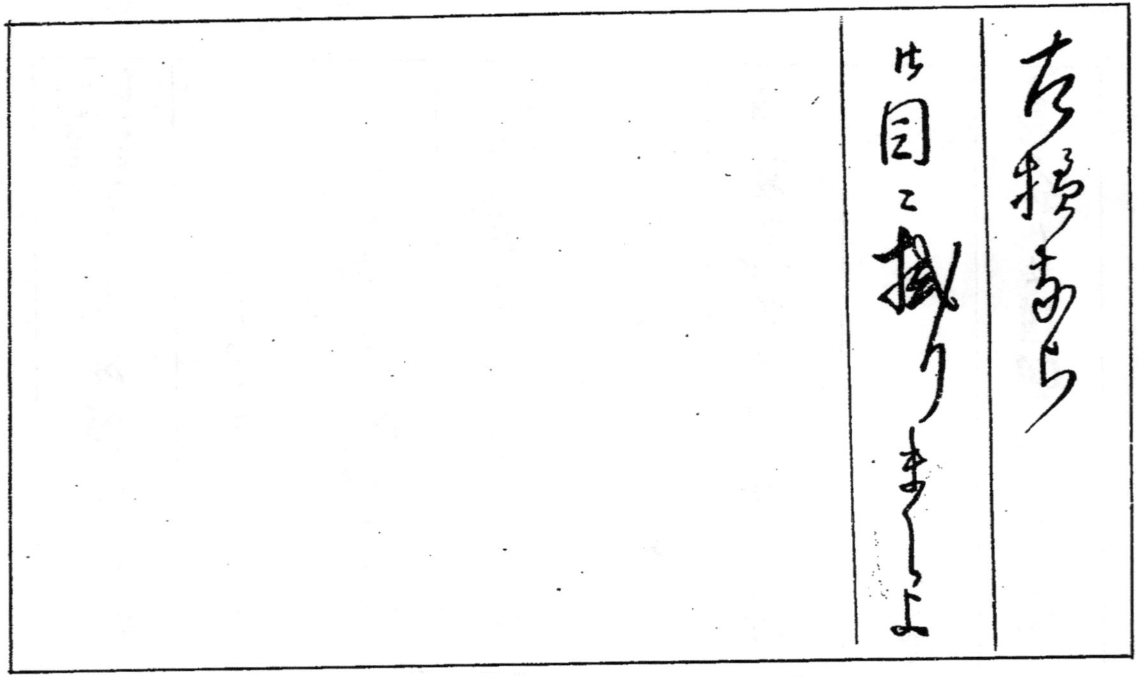

二

31 何時では座りまする
か

32 まひるでは座ります

33 二時では座ります

34 来では座ります

36 急發左様でござり
ますか

35	最早左様では御座
	ますか
37	前夜新暦で三時
	之頃に参ります
38	当時ノ有様をは
	何ともされ無也
39	両情に以両をはいで
	あざれ候也

40	息災なにぞあそばされました
41	私を弱承しました
42	私も出ねばなりませぬ
43	除塵とあります
44	いく乗ぞ早くあります
45	捨ぞ私ハ你を甚だ嫌ぞ
	ふらく居ませう
46	何時你ハめぐりあざれ

ました

47 丁度二時の写に

48 拙ぞ私は待中あましたか

49 速には目に掛りました

三

50 天氣はどうでござり
ますか

51 好天氣では御座ります

52 わるい天氣では御座ります

53 雨が降ますか

54 暑天氣では御座ります

55 寒天氣では御座ります

56	私共夫々自之画像
	より出行致しま
	する
57	いあゝに余りまする
58	誠に楽ミでは居くまる
59	丈ハ余り快が宜くあ
	至ません
60	風が醜ぎうは居くまする

61 彼バ私共の内に居り
まする

62 私共も今晩芝居ニ
まいりまする

旧

63 只今何處ニ御出なされ
ますか

64 私の内ヘ食事ニ行き
ます

65 私共一處ニ御出な
されませ

66 一處ニ食事ヲ致しましやう

67 只今いけませぬ

68 お釣錢が御座りませぬ

69 お天氣が湿ります

70 你彼皿乃器を取り下
ざれませ

71 有難沢山では御座い
ます

72 私に彼れを少し下ざ

れませ

73 此肉だは好でござれ

ますう

74 甚好では座くまで

75 此矢甚宜しゅは座く

まで

76 を渇きござれますう

77 有難渇きませぬ

78 此ビールを御飲あそばしましたか

79 フランス酒を御好あそばしましたか

80 甚好みます

81 茶一杯御飲あそばせ

82 你のやさしい御取持

難ござりました

83 此烟草を御飲あそばしませんか

84 御日本ハ烟草がありましう

85 此處ら巻烟艸を變て

ござりまし

	ゐ
86	你フランス語を使ひなさりましたか
87	少しばかり
88	甚麼
89	[illegible]
90	私は少しばかり使ひます
91	発音が悪うございます

91	92	93	94	95
你早くは云ふざる私分りませぬ	何ぞも一度は語下さりませ	你私に日課をは授け下ざいましカ	さりしまは	去よ有難ぞんじまは

96 日本字引を以持ちざるまに り
97 へいつ御座りまに候カタ
カナだろりにて書物を解
まる西十毀孫ませね
98 日本字引矢有用の物
ふして漢字を和字を以
翻訳まるを要とす
99 んグカタカナだろり翻る附に

日本書物を解し得
ませぬ
100 片假名ばかりにて書
たる書物ハござりませぬ
101 日本にて出版する書物
此内に漢字が必ずあります
102 你ハ只今信文を学ぶの
よ術をは持いあざりませ

你のお蔭に依て私の上
達が早くなりまする

六

404 私外へ出ねばなりませぬ

405 私と一所に外へ御出なさ
れますか

406 私共買物に出して下さ
れませ

107 此店ヘ這入らせ下さいませ

108 私ハ此處買物ニ來ました

109 何にの御ようじ

110 何に御目ニ掛りましやうか

111 此直段ハいくら為ますか

112 此反物一疋ハ何程でござりますか

113. 二十フランクでござります

114 金。錢。

115 夫は甚高ふござります

116 彼ちらふ此ちらふでござります
此は甚好れ場でござります

117 些少引が出来ますか

118 夫を出来ませぬ

119 夫では買ひませぬ

TRANSCRIPTION DU TEXTE JAPONAIS

DES DIALOGUES

En écriture Kata-kana

1コンニチハ 2コンバンハ 3コンヌハ 4アナタハ
ゴキゲンヨロシゼヌ 5アヒカワルキモゴザリ
マセヌ 6ワタクシハフクワイデゴザリマス
7アナタノアンバイハイヅレモヨロシユゴザリ
マスカ 8シゴクヨロシユゴザリマス 9ワタクシハ
シヨヘフクワイデゴザリマス 10アナタハゴゼ
ゼンデゴザリマス 11ワタクシハヨポトカゼヒレテ
オリマス 12ワタクシハヅツウガイタシマス 13ー
サマハイカガイラシヌイマスカ 14ヨクオイデナザ
レマシタ 15オアガリナザレ 16ゴスクリナサレマセ
17ワタクシハアナタノイ゛トマヲヅ井ヌストヲモヒ
マス 18ワタクシハミヌツニチアイリマシヨー 19アナタ

ハワタクシニオシヲカヱシマシヨー 20 ナニシナガニフ
ヨウデゴサルカ 21 ナンゾサシアゲマシヨーカ 22 アリ
ガタフ、アリガタフゾンジマス 23 ワタクシナニモ
イリマセヌ 24 ワタクシハミヤウニチアナタノカタ
ヘオミマヘニマヘリマシヤウ 25 ワタクシハマコトニ
メンボクニゴザリマス 26 アナタハワタクシニオナト
オトコロトガキヲクダサレマセ 27 ワタクシハマツタ
ケアナタノオサシヅトヲリニイタシマス 28 アナタ
ハジゴクヤサシユゴザリマス 29 サヤウナラ 30 オメ
ニカヽリマシヨウ

二

31 ナンドキデゴザリマスルカ 32 マピルデゴザリマ
ス 33 ニジデゴザリマス 34 イマダデゴザリマス 35 モ
ハヤサヤウデゴザリマスカ 36 キツトサヤウデゴザ
リマスカ 37 ワタクシハコヽニミトキノアイダニマヘ
リマス 38 ハントキノアイダワタクシヲマチナサレ

マセ39ゴジニコニオイデナザレマセ40キットオイデ
ナザレマセ41ワタクシハヤクソクシマス42ワタクシ
ハテ子バナラヌ43アマリオソクアリマス44イヽヘ
マダノハヤクアリマス45シカラバワタクシハアナタト
モニシバラク井マシヤウ46イツアナタオモドリナサ
レマスカ47チヨウトフタトキノアイダニ48シカラバ
ワタクシオマチモウシマシヤウ49ジキニオメニカヽ
リマス

三

50テンキハダウデゴザリマスカ51ヨイテンキデゴ
ザリマス52ワル井テンキデゴザリマス53アメガフ
リマシヨウ54アツイテンキデゴザリマス55サムイ
テンキデゴザリマス56ワタクシモハコンニチノヒル
ゴヨリホカウイタシマシヨウ57イナカニマヘリマシ
ヨウ58マコトニタノシミデゴザリマス59ソレハアマ
リホコリガヲホクアリマス60カゼガオソロシウゴザ

リマス 61 シカラバ ワタクシドモハ ウチニ オリマシヤウ

62 ワタクシドモハ コンバン シバイニ マヘリマシヤウ

四

63 タヾイマ ドコニ オイデナザレマスカ 64 ワタクシノウ

チニ シヨクジニ ユキマス 65 ワタクシト イツシヨニ オ

イデナサレマセ 66 イツシヨニ シヨクジヲ シマシヤウ 67

タヾイマ イケマセヌ 68 ワタクシハ ヒモジユフ ゴザリマス

ワタクシハ ノドガ カワキマス 70 アナタノ サラノ シナヲ

オトリナザレマセ 71 アリガタフ タクサンデ ゴザリマス

ワタクシニ アレヲ スコシモ クダザレマセ 73 コノ ニクハ

オスキデ ナザレマスカ 74 ハナハダ スキデゴザリマス 75

コレハヽナハダ ヨロシユ ゴザリマス 76 オカワキ ナザレ

マスカ 77 アリガタフ カワキマセヌ 78 チト リキユルヲ、

ノミナザレマスカ 79 フランス サケヲ、スキ ナザレマスカ

ハナハダ スキマス 81 モヌ イツハイ オノミ ナザレマセ 82

アナタノ ヤサシイ オトリモチ アリガタフ ゴザリマス

83チトダバコヲ、ノミナザレマセンカ84アナタニツホンダ
バコガアリマスカ85コヽニマキタバコトキセルトゴザリマス

五

86アナタフランスゴヲ、ツカヒナザレマスカ87スコシバカリ
88ハナハダヨク89シヅカニオハナシナサレバワカリマス90
ワタクシハスコシバカリツカヒマス、シカシインガワルーゴザ
リマス91アナタハセクオイヽナザル ワタクシワカリマセヌ
92ナニトゾモイチドオハナシクダザレマセ93 アナタワタ
クシニ、ク、ヲ、ヲ、サヅケクダザレマシヨカ94サウシマ
ス95マコトニアリガタクゾンジマス96ニツホンノジビキ
ヲ、モチナザレマスカ97ヘイ ヒトツゴザリマス シカシ
カタカナバカリニテニツホンノシヨモツヲゲズルノハデキ
マセヌ98ニツホンジヒキハユーヨーノモツニシテカンジト
ワジトオタイセクスルヲエウトス99ヒトガカタカナバカ
リシル片ニハニツホンノシヨモツヲゲシエマセヌ100カタ
カナバカリニテカイタルシヨモツハゴザリマセヌ101ニツ

オンニテシツハンシタル　ショモツノウチニハカンジガカナ
ラズアリマス 102 アナタハタベイマゾクブンヲマナブイニ井
ヲ、モチイナザレマセ 103 アナタノオス、メニヨッテワタ
クシノショータッガハヤクナリマショー

六

104 ワタクシソトニデ子バナリマセヌ 105 ワタクシトイッショ
ニソトニオイデナザレマスカ 106 ワタクシ𪜈カイモノニダ
シテクダザレマセ 107 コノミセニハイラセテクダザレマセ
108 ワタクシハコヽニカイモノニキタリマシタ 109 ナニゴヨウ
ジ 110 ナニオメニカヽリマショーカ 111 コノ子ダンハイクラミ
マスカ 112 コノタンモノイツヒキハナニホドデゴザリマス 113 ニ
ジエーフランクデゴサリマス 114 カ子゜ゼニ 115 ソレハヽナハダタ
カフゴザリマス 116 アチラコチラデゴザリマス、コレハヽナハ
ダヨイソウバデゴサリマス 117 チト子ビキガデキマスカ
118 ソレハデキマセヌ 119 ソレデハカイエマセヌ

Monnaies Japonaises.

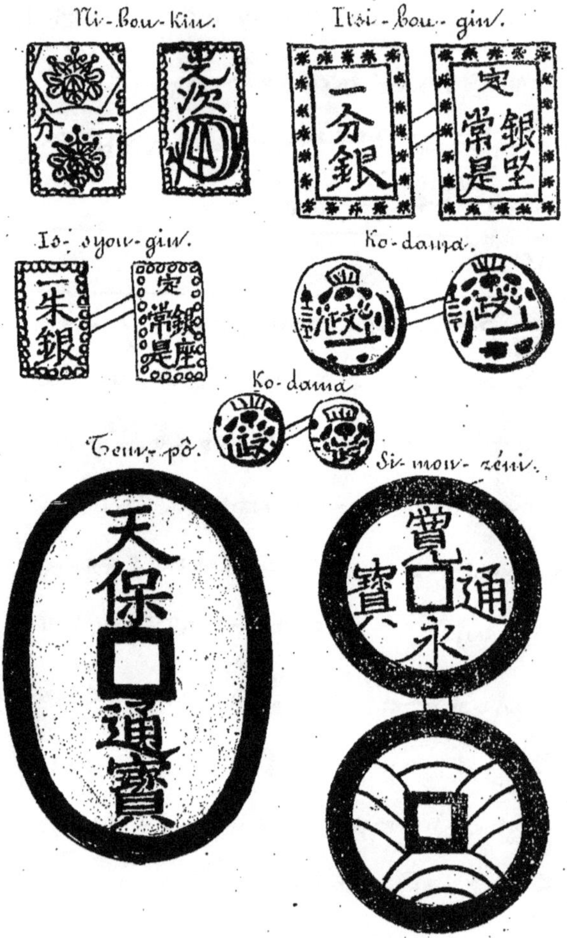

FIN.

Imprimerie Ch. Chauvin 8, rue d'Ulm.

JAPAN. XIV 9

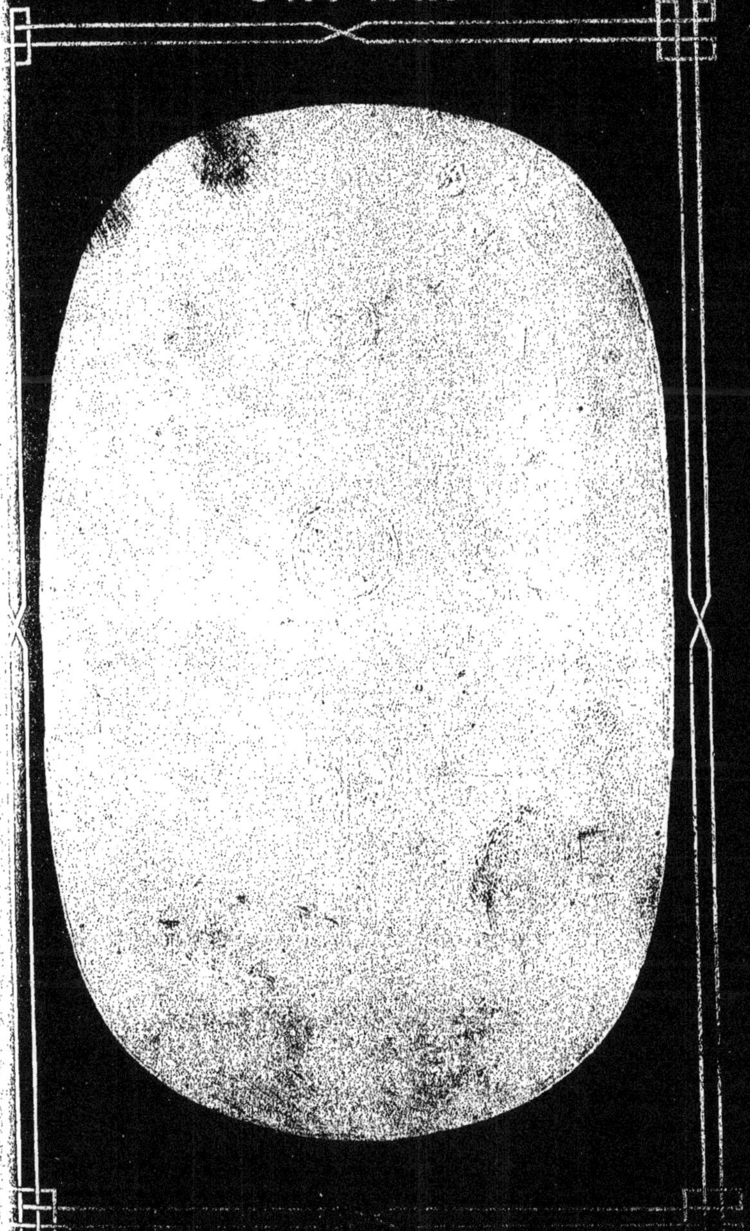

LE COURS PRATIQUE
DE
LANGUE JAPONAISE

De M. le professeur **DE ROSNY**

Se compose de 20 volumes répartis en trois séries :

1re série : *Enseignement élémentaire* (langue vulgaire).

2e série : *Enseignement secondaire* (langue écrite sinico-japonaise).

3e série : *Enseignement supérieur* (littérature, style épistolaire, diplomatique et commercial).

PREMIÈRE SÉRIE : *ENSEIGNEMENT ÉLÉMENTAIRE* :

I. — Introduction a l'étude de la langue japonaise. Résumé des principales connaissances nécessaires pour l'étude de cette langue ; un vol. in-8° .. 2 fr. 50

II. — Éléments de la grammaire japonaise (langue vulgaire) ; un vol. in-8° .... 5 fr.

III. — Guide de la conversation japonaise, précédé d'une Introduction sur la prononciation en usage à Yédo ; *2e édition* ; un vol. in-8° .... 5 fr.

IV. — Dictionnaire japonais-français (langue vulgaire) ; un vol. in-8°. *Sous presse* .... 5 fr.

V. — Dictionnaire français-japonais (langue vulgaire) ; un vol. in-8°. *Sous presse* .... 5 fr.

VI. — Textes faciles et gradués en langue japonaise vulgaire, accompagnés d'un Vocabulaire japonais-français de tous les mots renfermés dans le recueil ; un vol. in-8° .... 5 fr.

VII. — Thèmes faciles et gradués pour l'étude de la langue japonaise, accompagnés d'un Vocabulaire français-japonais de tous les mots renfermés dans le recueil ; un vol. in-8° .... 5 fr.

On souscrit aux sept volumes ensemble au prix de 25 fr.

Le Catalogue des ouvrages composant la seconde et la troisième Série se distribue gratuitement chez l'éditeur.

EXPOSITION UNIVERSELLE DE 1867

AU CHAMP DE MARS, A PARIS

NOTICE DESCRIPTIVE

DE

L'EXPOSITION ETHNOGRAPHIQUE

DE LA SOCIÉTÉ D'ETHNOGRAPHIE

RÉDIGÉE

PAR LA COMMISSION SPÉCIALE D'ORGANISATION

PARIS

BUREAUX DE LA SOCIÉTÉ D'ETHNOGRAPHIE

47, QUAI DES GRANDS-AUGUSTINS, 47

AMYOT, libraire de la Société, 8, rue de la Paix

MAI 1867

PRIX : 1 FR. 50 C.

DANS L'INTÉRIEUR DE L'EXPOSITION UNIVERSELLE : 50 CENTIMES

NOTICE DESCRIPTIVE

DE L'EXPOSITION

DE LA SOCIÉTÉ D'ETHNOGRAPHIE

1867

CETTE NOTICE
forme un appendice aux Actes de la Société d'Ethnographie
DEUXIÈME SÉRIE — TOME PREMIER

CONSEIL D'ADMINISTRATION

DE LA SOCIÉTÉ D'ETHNOGRAPHIE

Président d'honneur :

Le baron **JULES DE LESSEPS** (O. ✵).

Président :

Le marquis D'HERVEY-SAINT-DENYS.

Vice-présidents :

TEXIER (✵), de l'Institut;
EICHHOFF (✵), de l'Institut.

Secrétaire-perpétuel :

LÉON DE ROSNY.

Trésorier :

CHARLES DE LABARTHE.

Secrétaire-archiviste et Conservateur des collections :

DELONDRE.

Conseillers :

MM. BRASSEUR DE BOURBOURG; OPPERT (✵); DE BELLECOMBE; GARCIN DE TASSY (✵); le docteur MARTIN DE MOUSSY (✵); ÉLIE DE BEAUMONT (G.-O. ✵); FOUCAUX (✵); CHODZKO (✵); MAUREL; MINORET; LÉDIER; SILBERMANN; DUCHYNSKI.

EXPOSITION UNIVERSELLE DE 1867

AU CHAMP DE MARS, A PARIS

NOTICE DESCRIPTIVE

DE

L'EXPOSITION ETHNOGRAPHIQUE

DE LA SOCIÉTÉ D'ETHNOGRAPHIE

RÉDIGÉE

PAR LA COMMISSION SPÉCIALE D'ORGANISATION

PARIS

BUREAUX DE LA SOCIÉTÉ D'ETHNOGRAPHIE

47, QUAI DES GRANDS-AUGUSTINS, 47

MAI 1867

COMMISSION SPÉCIALE D'ORGANISATION DE L'EXPOSITION
DE LA SOCIÉTÉ :

MAUREL, président; le vicomte DE LUPPÉ; le comte DE BLOU; LÉON DE ROSNY.

Représentant de la Société à l'Exposition :

CHARLES DE LABARTHE.

Agent de la Société en permanence à l'Exposition :

JULES SARAZIN.

COMMISSION SCIENTIFIQUE

instituée par décret impérial.

Président : MM. DE QUATREFAGES, de la Société d'Anthropologie.
Secrétaire : LÉON DE ROSNY, de la Société d'Ethnographie.
Membres : TEXIER et DE BELLECOMBE, de la Société d'Ethnographie; — LARTET et PRUNER-BEY, de la Société d'Anthropologie.

COMMISSION SPÉCIALE D'EXPÉRIENCES ETHNOGRAPHIQUES

NOMMÉE PAR LA SOCIÉTÉ.

SILBERMANN, président; DE LABARTHE; DUCHYNSKI; TEXIER; DE BELLECOMBE; MAUREL; DE ROSNY.

Pour tous renseignements concernant la Société d'Ethnographie et l'Exposition, s'adresser à M. JULES SARAZIN, agent de la Société, salle n° 1.

Le secrétaire de la Société reçoit à son bureau, 47, quai des Grands-Augustins, les mardis de 4 à 5 heures.

16090. — Imprimerie générale de Ch. Lahure, rue de Fleurus, 9, à Paris.

PRÉFACE.

En publiant le catalogue des objets qui composent l'exposition de la Société d'Ethnographie, le comité d'organisation est heureux d'exprimer des remercîments à plusieurs personnes qui ont facilité sa tâche, en lui prêtant le concours le plus utile et le plus zélé.

M. Kœffer, directeur de la Compagnie franco-suisse, constructeur du fameux chalet de J. Janin qui fait depuis longtemps l'admiration des gens de goût, a offert à la Société d'Ethnographie une hospitalité aussi gracieuse que désintéressée dans son charmant chalet du Champ de Mars.

M. Bertall s'est employé à réunir et à photographier avec le plus grand soin des types variés qui forment déjà les trois premières séries de la Collection ethnographique, publiée sous les auspices de la Société.

Enfin, M. Barbedienne, à qui la réputation de ses encadrements artistiques avait valu, aux approches de l'Exposition, un surcroît de travail au-dessus de ses forces, a cependant trouvé le temps de justifier la confiance que la Société d'Ethnographie avait mise en lui et nous a fait des conditions de prix exceptionnelles, dont tous les acquéreurs de nos collections pourront profiter.

La Société d'Ethnographie a pu juger dans ces circonstances de l'intérêt qu'inspirent ses études par l'empressement avec lequel on a secondé nos efforts.

INTRODUCTION.

La haute bienveillance de la Commission impériale a appelé la Société d'Ethnographie à prendre part à l'Exposition universelle ouverte à Paris en 1867. La science des nationalités devait en effet être représentée dans un concours où toutes les nations du globe ont été conviées. C'est ce qui a engagé l'éminent organisateur de la grande réunion internationale à appeler, dès 1865, le Conseil de la Société d'Ethnographie à étudier un projet tendant à faire figurer au palais du Champ de Mars les indigènes de toutes les régions du globe à côté de leurs produits. Ce magnifique projet n'a pu être réalisé que très-incomplétement; ce sera néanmoins à la Commission impériale que reviendra l'honneur d'avoir tenté une œuvre essentiellement scientifique, progressive et humanitaire qui sera très-probablement réalisée par les expositions universelles qui auront lieu à l'avenir soit en France, soit à l'étranger. Le Conseil de la Société d'Ethnographie s'est empressé de répondre à l'honorable mission qui lui était confiée, et il a adressé à la Commission impériale plusieurs mémoires étendus sur les questions qui étaient soumises à son examen. De son côté, le gouvernement français, dans le but de provoquer la continuation des travaux entrepris pour l'Exposition de 1867 dans le sein de la Société, a appelé trois de ses membres à figurer dans la Commission scientifique internationale instituée par l'Empereur pour étudier, dans l'intérêt exclusif de la science, les faits nouveaux qui devaient se produire au palais de l'Industrie. Cette Commission s'est mise à l'œuvre, en même temps qu'une autre Commission, nommée par la Société elle-même, a été chargée d'entreprendre au Champ de Mars les expériences de nature à contribuer aux progrès de nos études.

La Société d'Ethnographie, en organisant l'exposition spéciale à laquelle est consacrée cette *Notice*, n'a pas eu la pensée de mettre sous les yeux du public une exposition ethnographique complète, ou du moins aussi étendue qu'on aurait pu l'attendre de nos jours des progrès de la science : l'espace et les ressources pécuniaires lui auraient manqué pour une entreprise qui n'eût été rien moins que colossale. En présentant aux amis de l'ethnographie le petit nombre d'objets énumérés ci-après, le seul but de la Société a été d'appeler l'attention sur les diverses branches d'investigations qui lui appartiennent, et de provoquer la formation de grandes collections ethnographiques sur le plan qu'elle a cru devoir adopter.

Les personnes qui seraient désireuses d'étudier dans leur ensemble les collections ethnographiques dont on n'a exposé que quelques spécimens au Champ de Mars, pourront obtenir toutes les facilités désirables, en adressant une demande à cet égard au président de la Société.

Enfin un agent a été établi en permanence dans les salles de l'exposition ethnographique, afin de répondre à toutes les questions que pourrait provoquer cette exposition. Cet agent se fera un devoir de mettre les savants étrangers en relation avec le Conseil de la Société, et de leur faciliter les moyens de participer à ses travaux.

Paris, le 30 mars 1867.

EXPOSITION SUPPLÉMENTAIRE

DANS UNE DES SALLES DE L'IMPRIMERIE LAHURE,

Rue de Fleurus, 9, à Paris.

La Commission impériale n'ayant pas jugé à propos de laisser figurer, dans l'exposition de la Société, les représentations nues de types de races et divers autres objets du ressort de l'Ethnographie, une *Exposition supplémentaire* est organisée par les soins de la Commission d'installation, en dehors du Champ de Mars.

Un billet d'entrée pour cette exposition sera joint à chaque exemplaire du catalogue. LES HOMMES SERONT SEULS ADMIS A EN PROFITER.

DIVISIONS DE LA NOTICE.

1re classe. — Figurines et objets d'art représentant des types de nations.

2e classe. — Photographie appliquée a l'ethnographie.

3e classe. — Beaux-arts appliqués a l'ethnographie.

4e classe. — Imprimerie appliquée a l'ethnographie.

5e classe. — Anthropologie.

6e classe. — Progrès international.

7e classe. — Objets relatifs a la religion.

8e classe. — Objets caractéristiques des mœurs.

9e classe. — Objets relatifs aux sciences, aux arts et a la littérature.

10e classe. — Antiquités concernant l'ethnographie.

11e classe. — Cartes et atlas ethnographiques.

12e classe. — Ouvrages relatifs a l'ethnographie.

NOTICE DESCRIPTIVE

DE L'EXPOSITION

DE LA

SOCIÉTÉ D'ETHNOGRAPHIE.

PREMIÈRE CLASSE.

FIGURINES ET OBJETS D'ART

REPRÉSENTANT DES TYPES DE NATIONS.

SOCIÉTÉ D'ETHNOGRAPHIE, 47, quai des Grands-Augustins, à Paris.

1. Type péruvien; tête sculptée en jaspe vert, yeux en émeraude. Travail indigène.

2-4. Types d'indiens de la Nouvelle-Grenade, sculptés en moelle de maguey. Travail indigène. (Don de M. J. M. Samper.)

5-15. Types chinois; figurines représentant des hommes et des femmes appartenant à diverses classes de la société.

16. Type aïno. Chasseur de l'île de Yéso, au nord du Japon.

17. Type javanais. Figurine représentant une danseuse et courtisane de Java.

18. Type tibétain. Jeune femme du Ladak (Tibet occidental).

La polyandrie est répandue dans le Ladak, et il arrive souvent qu'une seule femme sert aux besoins de tous les frères d'une même famille.

BROEK (Francis van den), membre titulaire, à Paris.

Types indiens.

19-20. Homme et femme de Bali, richement habillés. Statuettes en bois peint et doré d'un travail très-soigné.

Figurines et statuettes en terre, représentant des types indiens.

DALSÈME (MAURICE), membre titulaire, 9, rue Chauchat, à Paris.

21. Indien de Bombay. Figurine en terre, costume de calicot blanc, travail indigène, représentant un *Mounchi* ou traducteur de langues.

Les indigènes de Bombay, Calcutta et autres villes commerçantes, emploient généralement l'intermédiaire de ces demi-lettrés pour leur correspondance avec l'Europe.

22. Babao, négociant indien, avec parasol vert, coiffure, costume blanc, et *hoty* ou pantalon plissé couleur de chair.
23. Couvreur, livrée verte et or, pantalon rayé.
24. Cordonnier portant ses produits.
25. Femme de cultivateur avec un panier sur la tête.
26. Femme de chambre (*aya*) vêtue de jaune.
27. Marchand de poisson (Hindoustan).
28. Type indien.
29. Vieillard indien assis.

GEINS, rue Tiquetonne, 15, à Paris.

30. Quatre statuettes en résine et en cire représentant deux jardiniers marchands de légumes, homme et femme, et deux porteurs d'eau, également homme et femme ; travail indigène (Mexique).

ROSNY (LÉON DE), secrétaire de la Société d'Ethnographie, à Paris.

31. Type hongrois ; costume de paysan. Travail indigène.
32. Type japonais ; figurine représentant un enfant. Travail indigène.

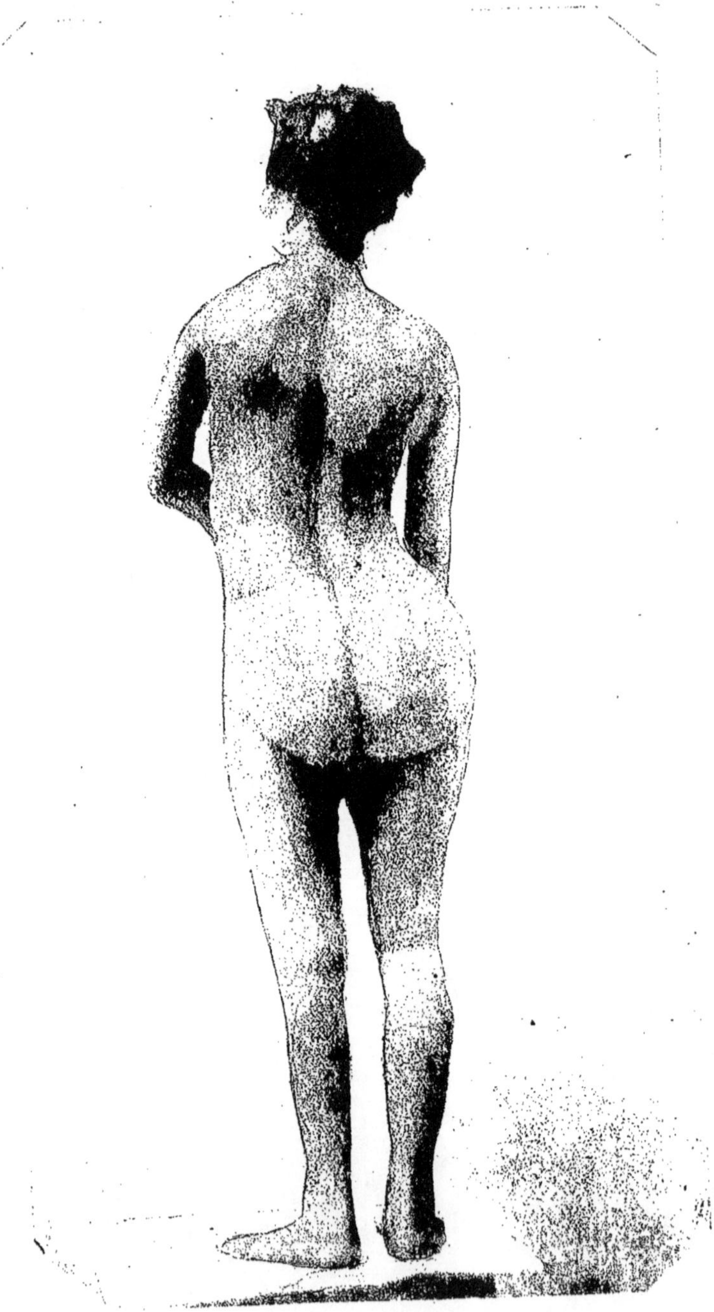

DEUXIÈME CLASSE.

PHOTOGRAPHIE APPLIQUÉE A L'ETHNOGRAPHIE.

SOCIÉTÉ D'ETHNOGRAPHIE, 47, quai des Grands-Augustins, à Paris.

Collection ethnographique photographiée sous les auspices de la Société d'Ethnographie et publiée par le marquis d'Hervey-Saint-Denys, président.

Cette collection se compose de types de races humaines photographiés d'après nature nus et sous trois aspects différents : face, dos et profil. — Une série supplémentaire comprend les types photographiés par les soins des correspondants de la Société d'Ethnographie, mais qui ne répondent pas complétement aux conditions exigées pour faire partie de la première série.

Chaque souscription dont le prix est de 36 francs, donne droit à douze photographies collées sur bristol.

On souscrit : 1° au local de la Société, 36, quai des Augustins; 2° chez MM. Bayard et Bertall, photographes de la Société, 15 *bis*, rue de la Madeleine ; 3° à l'Agence ethnographique des Deux-Mondes, 15, rue Lacépède, à Paris; 4° chez M. Sarazin, agent de la Société, 14, rue Michel-le-Comte.

33. Négresse, âgée de 19 ans, née à la Nouvelle-Orléans.
34. Métis. Cora, âgée de 18 ans, née d'un père nègre et d'une mère indienne (présentée par M. DE LABARTHE).
35. Chinois. Ou-kouang-kiu, âgé de 48 ans, né à Canton (présenté par M. SARAZIN).
36. Nègre. J. R***, âgé de 23 ans, né d'un père nègre et d'une mère mulâtresse (présenté par M. SARAZIN).
37. Hottentote (Bochisman). Strinée, âgée de 32 ans, née dans l'Afrique méridionale (photographiée par M. ROUSSEAU et présentée par M. POTTEAU).

38. Nègre du Soudan, Salem Ben-Si-Mohamed Bestarzi, âgé de 27 ans, né au Soudan, d'une famille noble (présenté par M. le marquis d'HERVEY-SAINT-DENYS).

39. Marocain. Mohamed-bou-Zian, âgé de 24 ans, né aux Beni-Snassen, de père et mère arabes-marocains (présenté par M. LÉON DE ROSNY).

40. Arabe. Mohamed-ben-Ato, âgé de 45 ans, né à El-Adj-Moktar (province d'Oran), de père et de mère arabes (présenté par M. LÉON DE ROSNY).

41. Nègre du Soudan. Krer-ben-Salem, âgé de 39 ans, né au Soudan, de père et mère noirs (présenté par M. CH. DE LABARTHE).

42. Juive allemande. S***, âgée de 13 ans 1/2 (présentée par M. THÉODORE DELAMARRE).

43. Nègre Abyssin. (Présenté par M. JULES SARAZIN.)

44. Lolo. (Présenté par M. le marquis d'HERVEY-SAINT-DENYS.)

45. Samoyède. Homme, âgé de 29 ans, né dans le district de Mezen, gouvernement d'Arkhangel (Russie d'Europe). Photographié pour la Société d'Ethnographie, à Kazan (présenté par M. ÉMILE KRAETZER, membre correspondant).

46. Samoyède. Femme, âgée de 15 ans, né dans le district de Mezen), photographiée pour la Société d'Ethnographie, à Kazan (présentée par M. ÉMILE KRAETZER, membre correspondant).

Photographies extraites des cartons de la Société d'Ethnographie.

47. Seykh de Lahore, photographié nu à mi-corps.
48. Dayak de Bornéo, photographié nu.
49. Malay nain de la presqu'île de Malâka.
50. Cambodgien.
51. Pegouan (Indo-Chine).
52. Siamois de Bangkok.
53. Barman, de Ouměrapoura.
54. Femme barmane, de Ouměrapoura.
55. Chinois de Canton.
56. Chinois buveur d'opium.

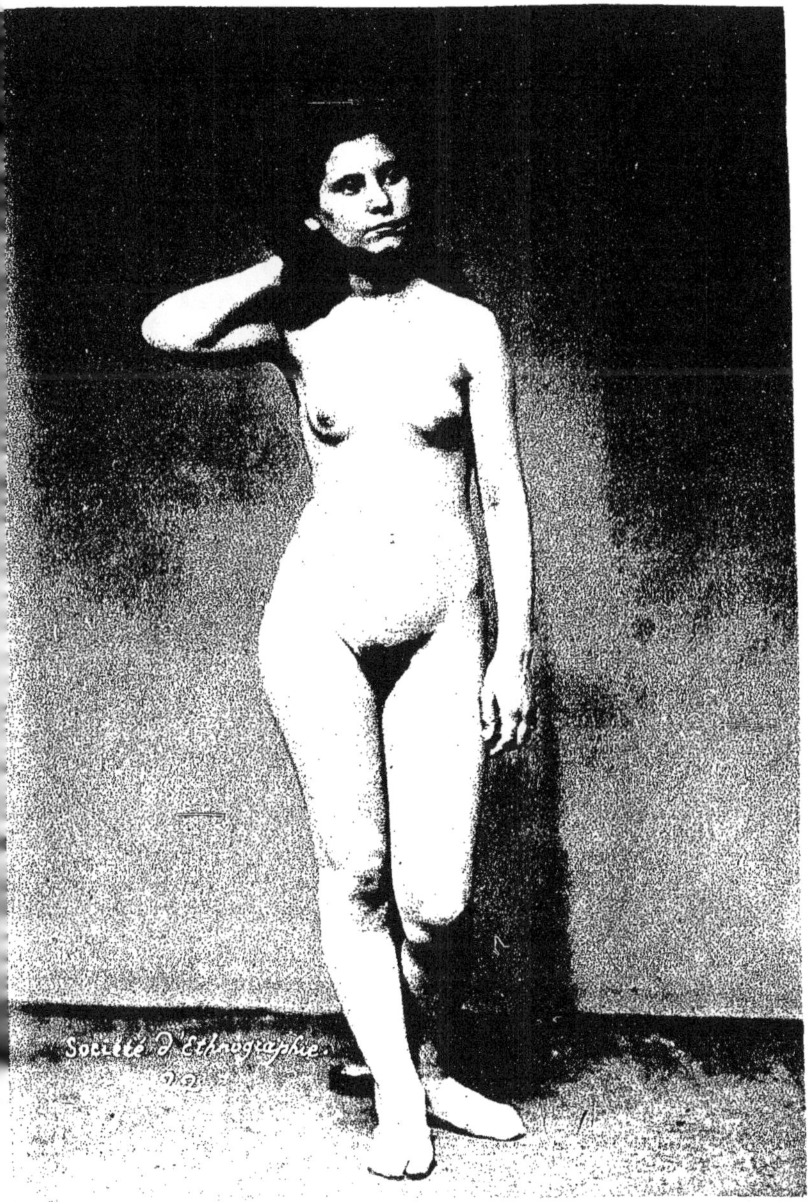
Société d'Ethnographie.

57. Parsi de Bombay.
58. Javanais.
59. Batta, insulaire de l'île de Sumatra.
60. Boughi, insulaire des îles Célèbès.
61. Abyssinien.
62. Bayadère ou fille de joie de Madras.
63. Bayadère ou fille de joie de Calcutta.
64. Malay de Djohore.
65. Bohémienne de l'Inde.
66. Seykh de Lahore.
67. Lithuanien, de la collection Potteau.
68. Famille groënlandaise, photographiée par la mission scientifique au nord, du prince Napoléon.
69. Chef Néo-Zélandais.
70. Caffre.
71. Femme de Djohore.

ETHNOGRAPHICAL SOCIETY, of London. — J. CRAWFURD, F. R. S., président, à Londres (Angleterre).

Types d'indigènes de la terre de Van-Diémen.

72. Portrait de Manalargruna, chef de la côte orientale.
73. Portrait de Tunna-Minnawatî, natif du cap de Grim.
74. Portrait de Jenning, natif de Port-Sorell.
75. Portrait de Truggernana, natif de la région méridionale.
76. Portrait de Problatrua, natif de Hampshire-Hills.
77. Portrait de Wartabocoigee, natif de Port-Dalrymple.
78. Portrait de Wareddy, natif de l'île Bruné.

Types de la Nouvelle-Galles du Sud.

79. Portrait de « Tom », roi de Dunmore.

Types de l'empire Barman.

80. Femme Talaing.
81. Groupe d'individus de la nation Simula.
82. Autre groupe d'individus de la même nation.
83. Barman de Rangoun.
84. Groupe de Karens, de la tribu des Sgau, delta de l'Irawaddy.
85. Trois individus de la nation Chan.
86. Nonne Chan.

87. Homme et femme barmans du delta de l'Irawaddy.
88. Homme et femme de la nation des Talaings, anciens habitants du Pégou conquis par les Barmans.
89. Nonne de race Chan de la province chinoise du Yunnan, vers le 26° latit. N., et le 99° long. Or.

BERTALL (D'ARNOUX), membre titulaire, photographe, 33, rue Boissy-d'Anglas, à Paris.

Types chinois.

90. Lu A-tchoë, jeune fille cantonaise, âgée de 16 ans, présente à l'Exposition.
91. Tcheou A-naï, jeune fille cantonaise, âgée de 17 ans, présente à l'Exposition.
92. Kou Wong-Si, servante cantonaise, âgée de 24 ans, présente à l'Exposition.
93. Kou A-Kam, jardinier cantonais, âgé de 32 ans.
94. Hu A-tou, ouvrier cantonais, âgé de 26 ans.
94 bis. Yu-tchoung, mandarin chinois, âgé de 19 ans.

BOCOURT (T.), voyageur au Siam.

95. Siamoise allaitant son enfant (costume du pays).
96. Jeune Siamoise en costume du pays, âgée de 25 ans et faisant partie du sérail du roi de Siam.
97. Le roi et la reine de Siam, d'après une photographie faite à Bangkok (Siam), sous la direction de M. T. Bocourt, phot. en 1862.

HERVEY-SAINT-DENYS (LE MARQUIS D'), président de la Société d'Ethnographie, à Paris.

98. Représentation de nains américains, attribués à la race Aztèque, daguerréotypés d'après nature.

Ces nains, d'une taille de deux pieds à peine, bien qu'arrivés à leur entier développement, furent amenés à Paris par un Américain qui les fit voir au public pour de l'argent.

On a prétendu que des voyageurs anglais qui s'étaient égarés dans une partie de l'Amérique encore inexplorée, avaient rencontré une ville dont les monuments d'une architecture grandiose semblaient appartenir à l'ancienne civilisation mexicaine; faits prisonniers par les habitants de cette ville, jaloux de rester inconnus du monde et d'éviter avec l'étranger toute communication qui pourrait leur être funeste, ces voyageurs seraient parvenus à s'échapper emmenant avec eux les

deux sujets dont on voit la représentation, et qui appartiendraient à une race de fétiches, objet de l'adoration de ces peuples bizarres, et conservée avec grand soin par leurs prêtres.

On ne peut garantir la vérité de ce récit qui semble un peu fantastique, mais il est extrêmement intéressant au point de vue ethnographique de voir que ces deux sujets ne sont point des monstres ou des hommes noués et imparfaits, ainsi que l'on peut s'en convaincre en examinant les daguerréotypes nus exposés dans le stéréoscope, et qu'ils semblent appartenir à une race particulière dont on ne peut cependant garantir l'authenticité.

Représentation de nains américains attribués à la race aztèque, daguerréotypés d'après nature, absolument nus (les mêmes que ceux énoncés à la notice précédente).

99. Daguerréotype de l'homme sous deux poses.

HOUZÉ DE L'AULNOIT (✻), lieutenant de vaisseau, en voyage.

Types du Gabon (côtes occidentales d'Afrique); reproductions de photographies d'après nature.

100. Naturel du Gabon.
101. Tau (type de Krowman).
102. Les filles du roi Louis (chef Gabonais).
103. Akera, jeune fille du Gabon.
104. Ouassango, commerçant gabonais et une de ses femmes.
105. Femmes et enfants bakalais.
106. Guerriers pahouins.
107. Jeune femme de la tribu des Pahouins.
108. Frans ou Pahouins.
109. Femmes de la tribu des Pahouins.
110. Pongués.
111. Femme et filles de Louis, roi du Gabon.
112. Lapto sénégalais.
113. Pongué du cap Lopez.
114. Gabonais avec costume de féticheur de la rivière Oyowé, à 70 lieues dans l'intérieur.
115. Pongué nommé Niels.
116. Femme pahouine.
117. Femmes pahouines.
118. Femmes pahouines de race pure.

KRAETZER (Émile), membre correspondant, attaché au consulat général de France, à Saint-Pétersbourg (Russie).

119. Types samoyèdes, photographiés sous sa direction à Kazan.

† Homme et femme samoyèdes, photographiés à Kazan, nus et en pied sous trois aspects, pour la collection de la Société d'Ethnographie.

MANNOURY, photographe, à Paris.

Types de diverses nations océaniennes.

120. Types canaques (Océanie), hommes et femmes photographiés d'après nature.
121. Hitoro, roi de Ita-Pou.
122. Tahia-Oupou, reine de Ita-Pou, femme de Hitoro.
123. Chef canaque.
124. Tahia-Kiti, femme du précédent.
125. Chef canaque.
126. Tahia-Otona, femme du précédent.

MOULIN, photographe, à Paris.

Types extraits de sa collection de phothographies de l'Algérie, publiée sous les auspices du ministre de la guerre.

Types recueillis dans la province d'Alger.

127. Mauresques en visite (costume de ville).
128. Mauresques (costume d'intérieur).
129. Kouloughis (pêcheurs), Bechtob et Sacradji.

Types recueillis dans la province de Constantine.

130. Kabyle. Ben-Aissa, ancien ministre du bey de Constantine.
131. Ben-Aissa, Kabyle d'origine, défendit vaillamment Constantine contre nous. Il était lieutenant du bey et chef d'une troupe nombreuse de Kabyles.
132. Juive de Constantine.
133. La Soufia, femme du Souf.
134. Femmes des Ouled-Naïd (Groupe de trois).

Quelques-uns des centres de population de notre Sahara voient à certaines époques, sous leurs murs, des quantités considérables de voyageurs, marchands ambulants, venus de toute part, pour échanger des marchandises. Ces gens, qui vivent en dehors des habitudes de famille, nouent sur chaque point des relations passagères avec des femmes libres, venues aussi tout exprès de diverses tribus. Les Ouled-Naïl, plus que toutes les autres populations du sud, passent pour fournir des courtisanes nomades. Près des remparts de Tougourt, une colline que l'on appelle « *le Mamelon des Poux* », est réservée tout entière pour le campement de ces filles.

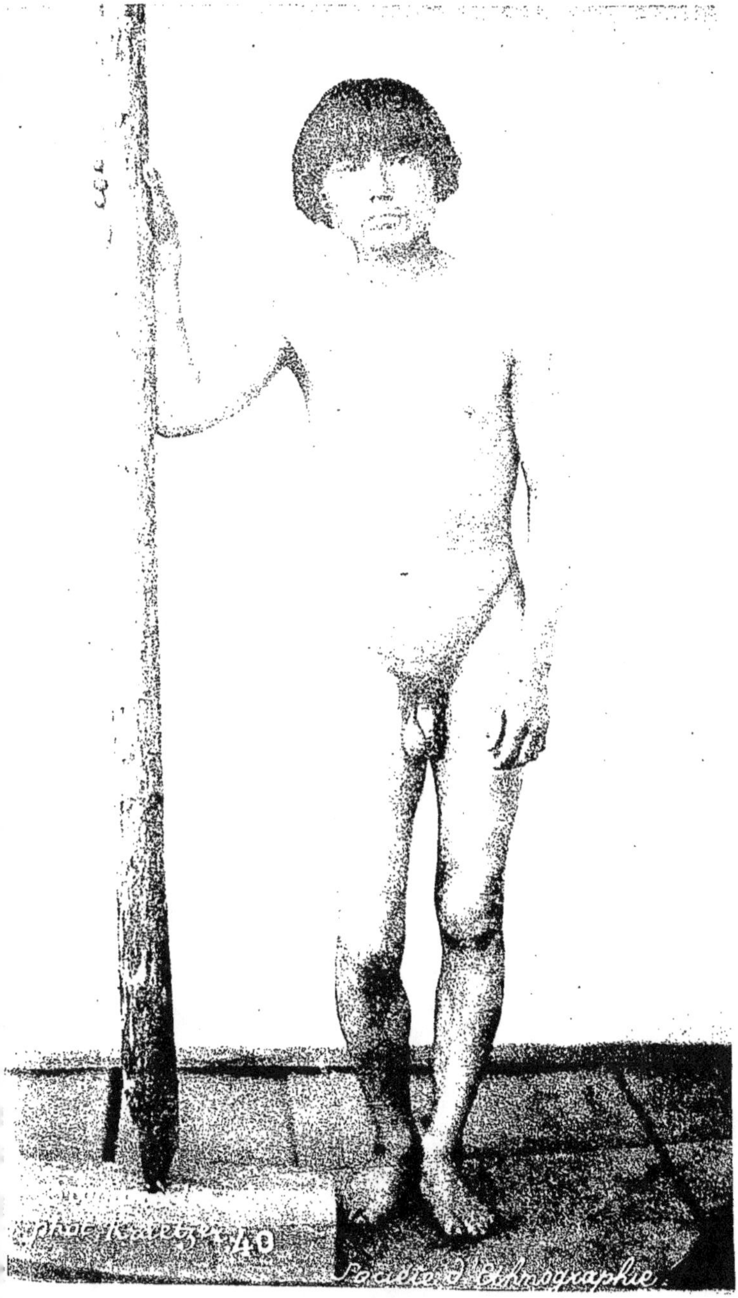
40
Société d'Ethnographie.

Province d'Oran.

135. Juives de Tétouan (Maroc), habitant Oran.

POTTEAU, membre titulaire, photographe du Muséum d'histoire naturelle, à Paris.

Spécimens d'une collection de photographies anthropologiques exécutée en partie pour le Muséum d'histoire naturelle de Paris. — Les types photographiés par M. Potteau sont toujours représentés sous deux poses : face et profil : leur nombre s'élève actuellement à 274.

136. Vénus hottentote (femme Bochisman) (38 ans), morte à Paris, le 1er janvier 1815 (profil d'après un dessin de Huet).

137. Hottentot (Bochisman), nommé Smoon (52 ans), en chasseur (sud de l'Afrique), phot. par M. Rousseau, 1855.

138. Vénus hottentote (femme Bochisman) (38 ans), morte à Paris, le 1er janvier 1815 (d'après un dessin de Wally.)

139. Marie Lassus (19 ans), née à la Nouvelle-Orléans, d'une mère noire et d'un père parisien, phot. en 1860.

140. Américains du Nord, de la tribu des Mic-Mac, phot. à Terre-Neuve, par M. Miot, lieutenant de vaisseau, en 1859.

141. Hyacinthe Margota (22 ans), née à Sora (montagne de Naples), modèle pour les peintres, phot. en 1863.

142. Iwan Khanikoff, Alexandra Catiana, famille samoïède de Mezen, phot. à Saint-Pétersbourrg, par M. L. d'Eichtal, en 1861.

143. Alexandra Khanikoff, phot. à Saint-Pétersbourg, par M. L. d'Eichtal, en 1861.

135. Ratandi-Merougandji (34 ans), domestique, né à Bombay, phot. en 1863.

136. Phan-tong-ging (68 ans), Annamite, né à De-vinh-long (Annam), 1er ambassadeur, vice grand-censeur du royaume, mandarin de 1er degré, 2e classe (grand costume), phot. en 1863.

137. Ratandji-Merouangi (34 ans), domestique, né à Bombay, phot. en 1683.

133. Embarik-bel-Kreir (23 ans), nègre, né à Bernon (Soudan) (tirailleur algérien), phot. en 1863.

139. Américaine du Nord, femme de la tribu des Mic-Macs, phot. à Terre-Neuve, par M. Miot, lieutenant de vaisseau, en 1859.

140. Américains du Nord. Groupe de 3 femmes de la tribu des Mics-Macs : celle qui est de profil provient d'une femme de la tribu des Mic-Macs et d'un père parisien ; phot. à Terre-Neuve, par M. Miot, lieutenant de vaisseau, en 1859.

141. Satyendra-Nath-Tagore (21 ans), né à Calcutta (Inde orientale). C'est le premier Indien qui ait pu passer ses examens et être reçu aux services civils de Sa Majesté britannique dans l'Inde, phot. en 1863.

142. Munnarapakadi (41 ans), suite de l'ambassade siamoise, né à Bangkok (Siam), phot. en 1861.

143. Domestique du 1er ambassadeur japonais, à Paris, phot. en 1862.

144. Phan-phu-thu (44 ans), Annamite, né à Quang-nam (Annam), 2e ambassadeur, 1er secrétaire du ministre de l'intérieur, mandarin de 2e degré, 2e classe (grand costume), phot. en 1863.

145. Luong-van-thê (47 ans), Annamite de la province de Quang-nam (Annam), capitaine d'escorte, mandarin de 5e degré, 2e classe, phot. en 1863.

146. Sen-diam (75 ans), cochinchinoise, née à Hué (Annam), fille de mandarin et veuve de M. Vannier, ancien officier de la marine française, chevalier de la Légion-d'honneur et grand mandarin du roi Ghia-long ; phot. en 1863.

147. Teresa Capac (41 ans), Indienne de race très-pure, née à Cuzco (Pérou), et amenée en France par M. le maréchal Santa-Cruz, phot. en 1864.

148. Molza-Reinhard (6 ans), bohémienne, née à Paris, fille de Joseph et de Madeleine Reinhard ; taille : 1 mèt. 7 cent., cheveux et yeux noirs; phot. à Paris, en 1865.

149. Échahla-Ben-Éhbala (26 ans), femme arabe de la tribu des Ilbarnia (province de Constantine); taille : 1 mèt.

60 cent.; cheveux et yeux noirs (père et mère arabes), phot. à Paris, en 1866.

150. Iwan Khanikoff (en pied), phot. à Saint-Pétersbourg, par M. L. d'Eichtal, en 1861.

ROSNY (Léon de), secrétaire de la Société d'Ethnographie, à Paris.

151-208. Types japonais, extraits d'une grande collection représentant des hommes et des femmes des diverses provinces du Japon.

SPOONER, membre correspondant, à Singapour (Indo-Chine).

Collection de types de l'Indo-Chine et de l'Archipel indien.

209-286. Types cochinchinois, 78 photographies.

287-810. Types javanais, 24 photographies.

TEMPLIER, directeur de la maison Hachette, à Paris.

Types et scènes de Java, photographiés d'après nature, par M. Van Kinsbergen.

311. Prêtre javanais à Batavia; à côté de lui se trouvent les vases contenant le bétel, la chana et les substances corrosives que les fanatiques de Java se plaisent à mâcher.

312. Femme de Batavia, joueuse de Gamelang (instrument de musique composé de morceaux de bambous d'inégale longueur, qu'on frappe avec un marteau et que les femmes accompagnent de leur chant monotone et cadencé.

313. Jeune prince de Djokjokerta. (Ile de Java.)

314. Indigènes de Batavia, la toilette.

315. Danseuse et musiciens indigènes à Batavia, appelés Foppeng.

316. Marchand ambulant de soupe et de friandises à Batavia.

317. Marchand ambulant de paniers à Batavia.

318. Marchand ambulant de comestibles et de gâteaux à Batavia.

319. Le sultan de Djokjokerta (Java), en grand costume.

320. Fils ainé du sultan de Djokjokerta (Java), prince héritier.

321. Monkoe Negoro, prince de Djokjokerta (île de Java), avec la princesse son épouse.

322. Danseur militaire à Djokjokerta (île de Java).
323. Femme indigène de Batavia tenant son enfant entre ses bras.
324. Danseur militaire de Djokjokerta (Java).
325. Fiancé et Fiancée javanais à Batavia, dans le costume de la cérémonie nuptiale.
326. Marchand ambulant de poissons à Batavia.
327. Sultane douairière de Djokjokerta (île de Java).
328. La princesse Moskebina, à Djokjokerta (île de Java.)

Types japonais et scènes du pays photographiés d'après nature.

329. Personnage transporté dans un lit de voyage par deux porteurs.
330. Jeune fille japonaise avec sa mère.
331. Divers types japonais d'hommes et de femmes.
332. Types de femmes japonaises.
333. Soldats japonais de la légion armée à l'européenne.
334. Dame japonaise en voyage.

VARROQUIER, photographe, à Paris.

Types de diverses contrées de l'Asie et de l'Afrique, photographiés d'après nature.

335. Pierre-Paul Massade, patriarche d'Antioche et de Jérusalem.
336. Pierre-Paul Massade, costume sacerdotal.
337. Grec Melchite. Joseph-Grégoire, patriarche d'Antioche et de Jérusalem, costume officiel.
338. Grec Melchite, évêque.
339. Grecs Melchites, diacres.
340. Druses cavaliers.
341. Druses sénateurs.
342. Arabe du désert du Liban.
343. Arabes marocains (Pèlerins de la Mecque).
344. Bédouins du golfe Arabique.
345. Arabe du désert de Gaza (Palestine).
346. Café arabe du Caire.
347. Musique arabe à Damas.
348. Derviche mendiant (haute Égypte).
349. Derviches tourneurs.

350. Nubiens de la première cataracte du Nil.
351. Guerrier de la première cataracte du Nil.
352. Femme de la classe moyenne du Caire (musulmane).
353. Juive, jeune fille de Damas en grande toilette.
354. Kurdes paysans.
355. Syriens paysans (Anti-liban).
356. Pâtre du Liban avec un chevreau.
357. Paysans kurdes.
358. Paysans kurdes.
359. Paysans syriens.
360. Chefs des portefaix à Beyrouth.
361. Cawas nègre des Messageries impériales ottomanes.
362. Maronite femme de Zuck.
363. Juifs : jeunes filles et enfants de Damas en grande toilette.
364. Juives : jeune fille et femme de Damas.
365. Juives : deux jeunes filles de Damas.
366. Juif : Jeune femme et enfant de Damas.
367. Deux jeunes juives.
368. Vieilles femmes, servantes de harem.
369. Druse : princesse, fille de l'émir Melhem, gouverneur de Schonsas.
370. Druse : chef de cavalerie.
371. Père de l'émir Melhem.
372. L'émir Melhem et son fils.
373. Dame chrétienne de Damas.

TROISIÈME CLASSE.

BEAUX-ARTS APPLIQUÉS A L'ETHNOGRAPHIE.

(SCUPTURE, PEINTURE, DESSIN.)

A. SCULPTURES.

CORDIER (❋), artiste sculpteur, à Paris.

Sculptures polychromes ethnographiques.

374. Type arabe.
375. Type berbère.

MARQUET DE VASSELOT (Anatole), membre titulaire, artiste sculpteur, à Montmartre-Paris.

375. Médaillons en terre cuite : types de races appartenant aux diverses parties du monde.
376. Type japonais. Portrait de Foukou-Sawa You-Kitsi, de Yédo.
377. Type siamois.
378. Type hottentot. Portrait de Strinée, femme Boschiman, âgée de 32 ans. (Voy. n° 37.)
379. Type abyssinien. (Voy. n° 61.)
380. Type arabe. Portrait de Mohamed-Ben-Ato, âgé de 45 ans. (Voy. n° 40.)
381. Type barman.
382. Type de Krowman : personnage nommé *Tan*. (Voy. n° 101.)
383. Type kambodgien.
384. Type malay.
385. Type parsi.

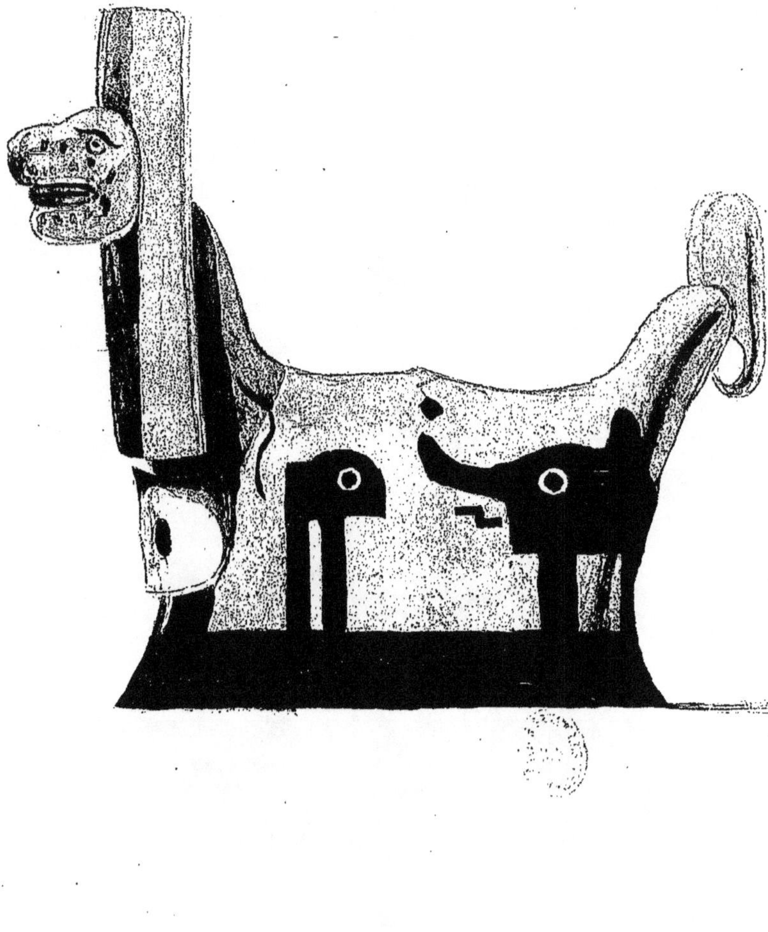

REBOUT, membre titulaire, sculpteur, à Levallois-Perret (Seine).

386. La Vénus grecque.
387. La Vénus hottentote.
388. La Vénus chinoise.

B. PEINTURES A L'HUILE.

SOCIÉTÉ D'ETHNOGRAPHIE, 47, quai des Augustins, à Paris.

389. Portrait peint d'après nature de Oriaré-Ebn-Kilho, jeune galla d'une haute naissance, né à Limmou, et attaché à la mission égyptienne en France. Ce portrait est d'une ressemblance parfaite. (A Mme Boselli : provenant de la collection Jomard.)

DELAMARRE (Théodore), membre titulaire (❋), artiste peintre, à Paris.

390. Peintures à l'huile représentant des types chinois :
1° *L'Occidentaliste*. Peinture à l'huile, exposée au salon de 1861. Peint d'après Laurent Tching-Young, de Chang-Haï.
2° *Marchand chinois comptant ses sapèques*. Peinture à l'huile exposée au salon de 1866. Peint d'après Gou-Goule, Fo-kiennois.

MONTPELLIER (Mlle Eugénie), artiste peintre, 56, rue Basse-du-Rempart, à Paris.

391. Crânes peints à l'huile d'après nature.

ROSNY (Lucien de), membre correspondant, président honoraire du Comité d'archéologie américain, artiste archéologue, 61, rue des Frères-Herbert, à Levallois-Perret (Seine).

392. Types américains reproduits d'après les monuments de l'art céramique chez les indigènes du Nouveau-Monde.

Cette peinture présente la reproduction à l'huile de quelques-uns des nombreux vases américains peints à l'aquarelle par l'auteur.

ROSNY (Léon de), secrétaire de la Société, 15, rue Lacépède, à Paris.

393. Vase à l'éléphant de La Paz (Pérou), peint à l'huile

d'après une aquarelle de M. le comte de Sartiges, ambassadeur de France près le Saint-Siége.

Ce vase antique a été l'objet de nombreuses discussions scientifiques parmi les américanistes qui ont cru y voir figurée l'image d'un éléphant, pachyderme de la faune asiatique, ce qui contribuerait à établir l'hypothèse de relations entre l'Asie et l'Amérique à une époque antérieure à Christophe Colomb. Voyez sur ce vase, la lettre de M. le comte de Sartiges, publiée dans le tome II de la *Revue américaine*, 2e série, 1865.

C. DESSINS AU CRAYON.

LEJEAN (Guillaume) (✱), membre titulaire, ancien consul, voyage en Afrique et en Asie, à Paris.

Types africains, dessins à la mine de plomb, d'après les croquis originaux faits d'après nature par M. Lejean.

394. Arabe (beledi) : Faki-Mohammed-Hher, vainqueur des Chelouk.
395. Arabes de la Djezireh : Lehaouin.
396. Copte-kialib ou écrivain.
397. Sennarienne.
398. Bidja-Bichari.
399. Nouba (jeune femme).
400. Sidama : Adjemiè (18 ans).
401-402. Chelouk.
403-404. Tagali (25 et 17 ans).
405-406. Nouers-Diarkargn.
407-408. Fouraoui. Koudjara du Darfour.
409. Hamady.
410. Abildougou : jeune fille de 16 ans.
411. Djen ou Denka, tribus Eliab et Kitch.
412. Kitch.
413. Hial, chef kitch.
414. Jeune fille Éliab (moins de 16 ans).
415. Kir, marin interprète (40 ans).
416. Djour, jeune femme (22 ans).
417. Niam-Niam, jeune femme (25 ans).

MONTPELLIER (Mlle Eugénie), artiste peintre, 56, rue Basse-du-Rempart, à Paris.

418. Type japonais : Portrait du docteur Mi-tsoukouri Syou-hei, de Yédo. (Étude au crayon.)

GÉNIE TUTÉLAIRE

d'après un manuscrit siamois appartenant à Mr de Rosny.

D. PEINTURES ETHNOGRAPHIQUES ORIENTALES ET AMÉRICAINES.

BOSELLI (Mme), née Jomard, à Paris.

419. Types des habitants du Pendjâb; peintures indigènes provenant du général Ventura, commandant en chef de l'artillerie de Randjet-Singh.

ROSNY (LÉON DE), secrétaire de la Société, 15, rue Lacépède, à Paris.

420. Types siamois : manuscrit astrologique indigène plié en paravent et rempli de peintures originales représentant des scènes de mœurs du pays.

421. Fac-simile d'une peinture originale représentant un ancien prince scandinave.

Cette peinture a été découverte sous une figure de la Vierge, qui servait avec elle à cacher un portrait du roi Christian II de Danemark (dit le Néron du Nord), par Holbein.

422. Les peuples connus des Japonais au commencement du dix-neuvième siècle. Collection de peintures indigènes, avec des notices explicatives en langue du pays.

QUATRIEME CLASSE.

SYSTÈMES D'IMPRESSION APPLIQUÉS A L'ETHNOGRAPHIE,

GRAVURE SUR MÉTAL ET SUR BOIS, LITHOGRAPHIE, AUTOGRAPHIE.

ATHÉNÉE ORIENTAL, 47, quai des Augustins, à Paris. — Président : M. Eichhoff, de l'Institut.

423. Collection de gravures et de lithographies représentant des types et des scènes de mœurs des diverses parties de l'Orient.

BOSELLI (Mme), née Jomard, 19, rue Bonaparte, à Paris.

Types égyptiens lithographiés et extraits d'un ouvrage inédit de M. Jomard, membre de l'Institut. Iconographie égyptienne.

424. Mohammed-Aly, vice-roi d'Égypte (né à la Cavale).
425. Ibrahim-Pacha, vice-roi d'Égypte, fils de Mohamed-Aly.
426. Sayd-Pacha, fils de Mohamed-Aly, vice-roi d'Égypte.
427. Hassan-Bey, ancien élève de la mission égyptienne en France, ministre de la marine.
428. Mouktar-Bey, ancien élève de la mission égyptienne en France, ministre de l'instruction publique, né à la Cavale.
429. Arménien. Artyn-Bey, ancien élève de la mission égyptienne, ministre des affaires étrangères, né à Constantinople.

DANSEUSES JAVANAISES

430. Arménien. Estefan-Bey, ancien élève de la mission égyptienne en France, conseiller d'État, né à Sebaste.

431. Géorgien. Emyn-Bey, ancien élève de la mission égyptienne en France, directeur des poudres et salpêtres.

432. Mazar-Bey, ancien élève de la mission égyptienne en France, ingénieur des ponts et chaussées, né au Caire.

433. Arménien. Youssouf-Effendy, ancien élève de la mission égyptienne en France, directeur des jardins de Choubra.

434. Arménien. Khoskof-Effendi, ancien élève de la mission égyptienne à Constantinople, né à Constantinople.

435. Solyman-el-Boheyry, ancien élève de la mission égyptienne du Caire, officier du génie, né au Caire.

436. Hassan-Damiaty, ancien élève de la mission égyptienne du Caire, officier du génie, né à Damiette.

437. Moustapha-Mahramgy, ancien élève de la mission égyptienne en France, ingénieur des ponts et chaussées, né au Caire.

438. Cheykh-Kefah, ancien élève de la mission égyptienne au Caire, directeur de l'École des langues, né à Tahtah (Haute-Égypte).

439. Mohammed-Chafey, ancien élève de la mission égyptienne en France, professeur-directeur de l'École de médecine, né à Tahtah (Haute-Égypte).

440. Mohammed-Aly, ancien élève de la mission égyptienne en France, professeur à l'École de médecine, né à Zaouyet-Baoly (Basse-Égypte).

441. Mohammed-Chabassy, ancien élève de la mission égyptienne en France, professeur-adjoint à l'École de médecine, né au Caire.

442. Mohammed-Souccary, ancien élève de la mission égyptienne en France, professeur-adjoint à l'École de médecine, né au Caire.

443. Mohammed-Bayoumy, ancien élève de la mission égyptienne en France, professeur de mathématiques à l'École polytechnique, né au Caire.

444. Khalyl-Mahmoud, ancien élève de la mission égyptienne en France, agriculteur, né au Caire.

445. Géorgien. Mohammed-Khosrof, ancien élève de la mission égyptienne en France, attaché à l'administration.

446. Géorgien. Selim-Effendy, ancien élève de la mission égyptienne en France, attaché à l'administration.

447. Ahmed-Youssouf, ancien élève de la mission égyptienne en France, chimiste, né au Caire.

448. Hassanleyn-Aly, ancien élève de la mission égyptienne en France, chimiste, né au Caire.

449. Omar-el-Koumy, ancien élève de la mission égyptienne en France, chimiste, né au Caire.

450. Hassan-Onardany, ancien élève de la mission égyptienne en France, graveur, né au Caire.

451. Mourad-Effendy, ancien élève de la mission égyptienne en France, peintre.

452. Ismayl-Effendy, ancien élève de la mission égyptienne en France, dessinateur.

453. Galla-Ouar-Ebn-Kilho, né à Limmou, élève de la mission égyptienne en France.

454. Sultan Abou-Madian, prétendant au trône du Darfour.

Les Égyptiens modernes comparés aux anciens et à plusieurs races de l'Afrique.

455. Bustes égyptiens antiques, momie de Thèbes, hlemans du Caire, Égyptiens, Copte, Turc, Mamelouk, Tunisien, Chaouia-Abyssin, Galla, homme du Darfour, du Ouaday, du Bornou, du Mandara, Mukamanga. Cafre.

456. Solyman-Pacha, major général de l'armée d'Égypte.

457. Clot-Bey, président du conseil de santé d'Égypte, directeur du service médical.

CHAUVIN, lithographe de la Société, 8, rue d'Ulm, à Paris. Système d'impression autographique appliqué à l'ethnographie.

458. Types de races humaines, reproduits par l'autographie.

459. Crânes de diverses races hnmaines, reproduites par l'autographie.

COMITÉ D'ARCHÉOLOGIE AMÉRICAINE, fondée en 1863 ; 47, quai des Grands-Augustins, à Paris. — Président, le docteur MARTIN DE MOUSSY.

460. Collection de gravures et de lithographies anciennes et modernes représentant des types et des scènes de mœurs des indigènes de l'Amérique. (Don de M. de Cessac).

DALSÈME (MAURICE), membre titulaire, 9, rue Chauchat, à Paris.

461. *Dunbar* ou réception officielle d'un rajah ou chef indien par le gouverneur général de l'Inde anglaise.

Dans ces cérémonies le gouverneur occupe le siége central ; à sa droite se trouvent : le chef natif, le secrétaire-interprète du gouvernement et un officier ou ministre du chef indien ; à la gauche du gouverneur est assis un proche parent du rajah, et ensuite l'état-major du gouverneur ; derrière, les gardes, employés et domestiques du palais. Au-devant de l'assemblée se trouvent, déposés à terre, les présents apportés par le rajah, qui, enlevés pendant la séance, sont remplacés par ceux que donne en retour le gouverneur.

462-463. *Zemindar* ou fermier des provinces du Nord (Costume d'hiver).

464. Mahométan du Nord de l'Inde, de la tribu de Puthan, race afghane.

465. Portrait du jeune prince Purtab-Sing, fils du maha-rajah-Shere-Sing.

466. *Shootre-Suwar* ou courrier d'un camp indien préposé au transport des ordres et dépêches, serviteur précieux qui peut au besoin faire en un jour 20 ou 25 lieues à dos de chameau.

467-468. Portrait d'Anund-Musseh, homme d'une grande notoriété dans les provinces supérieures du Bengale ; né dans la religion hindoue et converti au christianisme par un ministre anglican à Mirut ; il entreprit de prêcher le christianisme parmi ses ex-coreligionnaires, s'acquittant de sa mission avec une remarquable éloquence. Le mot « Musseh » joint à son nom, signifie en arabe, *Messie.*

LABARTHE (Charles de), membre du conseil, 7, rue du Petit-Pont, à Paris.

469. Collection de gravures représentant des types et des scènes de mœurs siamois.

ROSNY (Léon de), secrétaire de la Société d'Ethnographie, 15, rue Lacépède, à Paris.

470. Collection de gravures et de lithographies anciennes et modernes représentant des types et des scènes de mœurs des nations de la Chine, de l'Indo-Chine et du Japon.

471. Collection de lithographies, de gravures et de dessins représentant des types et des scènes de mœurs des habitants de la Corée.

472. Collection de dessins et de gravures relatifs aux Aïno (Insulaires de l'île de Yéso).

CINQUIÈME CLASSE.

ANTHROPOLOGIE.

SOCIÉTÉ D'ETHNOGRAPHIE, 47, quai des Grands-Augustins, à Paris.

Spécimens d'une collection craniologique.

473. Type hindou. Crâne provenant d'un prince indien. (Don de la *Société* asiatique.)

Ce crâne a été l'objet d'une notice de M. Castaing, dans l'*Annuaire de la Société d'Ethnographie* de 1861.

474. Type néo-calédonien. Crâne et mâchoire inférieure. (Don de M. Castaing, membre titulaire.)

475. Type celtique. Crâne trouvé à Corbeil, par M. Roujou, de l'École des Chartes. (Don de M. A. Castaing, membre titulaire.)

476. Fragments de crânes humains, provenant de l'hypogeum d'Hadrumète, aujourd'hui Soussa. (Don de M. Espina, membre correspondant.)

Moulages de crânes.

477. Ancien Imar ou Qquichoua (République de Bolivie).

478. Jeune Aymara. Crâne provenant des anciens tombeaux de la Bolivie.

479. Indien. Crâne provenant des anciens tombeaux de la Bolivie.

480. Chenoucchor.

481. Caraïbe.

482. Patagon.

483. Indien de l'île des Sacrifices (Golfe du Mexique). (Don de M. de Cessac.)

484. Description des instruments employés pour la craniométrie par l'expédition scientifique de la *Novara*. Mémoire rédigé en langue allemande

Spécimen d'une collection photographique de crânes, par M. Potteau, membre titulaire.

485. Crâne dit de Lozère, présenté par M. Jomard, président de la Société.

486. Moulage de crâne, préparé pour l'étude de la phrénologie, d'après le système de Spurzheim, par M. Castaing, membre titulaire.

Spécimens d'une collection de cheveux et de poils des diverses rares humaines dans des tubes de verre.

Les échantillons de cette collection sont autant que possible arrachés plutôt que coupés, afin de permettre l'examen microscopique de la racine pilaire.

487. Famille noire : Cheveux mongols.
488. — Cheveux chinois.
489. — Cheveux japonais.
490. — Cheveux cochinchinois.
491. Famille noire crépue : Cheveux de Nègre du Soudan.
492. — Cheveux de Nègre de Porto-Rico.
493. — Cheveux de Nègre du Sénégal.
494. Famille rousse : Cheveux japonais.
495. Famille blonde (rougeâtre) : Cheveux germaniques.
496. — (dorée) : Cheveux français.
497. — (gris de lin) : Cheveux islandais.
498. — Cheveux suédois.
499. — Cheveux frisons.
500. Poils de Orang-outan ou homme des bois.
501. Série chromatique capillaire.

Système pileux de la barbe.

502. Famille noire.
503. Famille rouge.
504. Famille blonde.

Système pileux des parties génitales de l'homme.

505. Échantillons empruntés aux races noire, rouge, jaune et blanche.

Système pileux des parties génitales de la femme.

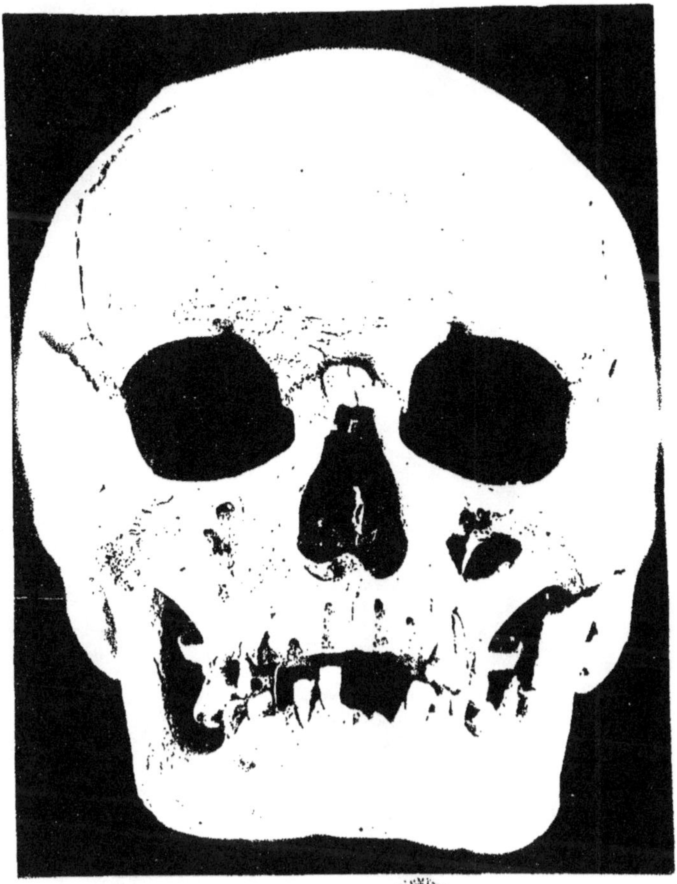

506. Échantillons empruntés aux races noire, rouge, jaune et blanche.

CASTAING, membre titulaire (✱, MÉDAILLE D'HONNEUR de la Société, 1863), à Paris.

507. Type teutonique (cheveux très-blonds). — Crâne de D***, exécuté à Paris, en 185*, à l'âge de 24 ans, pour homicide précédé de viol. Objet préparé avec un soin exceptionnel; complet, sauf un fragment de l'ethnoïde (os intérieur du nez) et deux dents égarées depuis peu.

508. Cendres d'os et de chair humaine, trouvées dans l'*ustulum* de Villeneuve-le-Roi, troisième couche du cimetière, en 1860 ; remontant au deuxième ou troisième siècle de notre ère.

COLLAS (L'ABBÉ G.), 5, rue Fontaine, à Paris.

509. Race rouge. Groupe sculpté.

Ce groupe exécuté sur les dessins et d'après les travaux de M. G. Collas, fac-simile de celui de M. Guillemin (1856), est un échantillon de race rouge américaine (un des derniers individus de la tribu des Mohicans). Études d'anthropologie.

DALSÈME, membre titulaire, à Paris.

510. Moulage du pied d'une dame chinoise, déformé suivant la coutume du pays.

511. Chaussures d'une dame chinoise à petit pied.

DELESSALLE, naturaliste, à Paris.

512. Crânes d'indigènes des îles Pomotou, tués et mangés par des anthropophages appartenant à des tribus rivales des mêmes îles.

513. Topo, indigène de Vobo (îles Pomotou), tué et mangé en 1856.

514. Tamatua, chef de Vohuka (îles Pomotou), tué et mangé en 1854.

Ces crânes ont été rapportés par un voyageur français, M. Devries, qui dut, pour se les procurer, les faire enlever furtivement et au péril de ses jours, par son guide (prêtre du pays), de la hutte d'un chef de ces tribus anthropophages où ils étaient suspendus en trophées.

HERVEY-SAINT-DENYS (LE MARQUIS D'), président de la Société d'Ethnographie, à Paris.

515. Moulage de la main d'un individu nommé Eliaceguy, dit le Géant basque.

516. Moulage du pied de Mlle Rachel, la célèbre tragédienne.

Ce pied est remarquable par l'élégance et la pureté de ses formes qui réalisent l'idéal de la statuaire antique.

LEPRINCE, 7, rue Vivienne, à Paris.

517. Fœtus d'un enfant juif-arabe, trouvé en terre, en 1850, aux environs de Koléah, près Alger (Afrique du nord).

POTTEAU, membre titulaire, photographe du Muséum, à Paris.

518. Pied d'une dame chinoise, déformé suivant la coutume du pays. Disséqué et photographié.

PRUNER-BEY (le docteur) (✻), à Paris.

519. Collection de cheveux des diverses races humaines.

Déjà à l'œil nu la chevelure des races humaines offre des particularités bien saillantes pour ce qui concerne sa longueur, son abondance, sa couleur, son état lisse, bourrelé, ondulé, frisé et même crépu. Sujette à l'examen microscopique, elle révèle des caractères différentiels de race bien précis. C'est par des sections transverses, aussi minces que possible, qu'on y découvre des différences de volume et de forme bien marquées, de même que des rapports divers dans la disposition interne des parties constituantes. Pour illustrer ces diversités dans toutes les races humaines, le docteur Pruner-Bey expose huit planches contenant les dessins des sections transverses faites sur les cheveux des races les plus rapprochées et les plus différentes. Tous ces dessins sont faits sous le microscope avec un grossissement de 320. Par le micromètre, on a déterminé le volume et les diamètres de chaque coupe. Pour donner également une idée de l'aspect de la chevelure humaine à l'œil nu, des échantillons appartenant aux races étrangères à l'Europe sont joints aux planches. Les étiquettes indiquent les races et les détails.

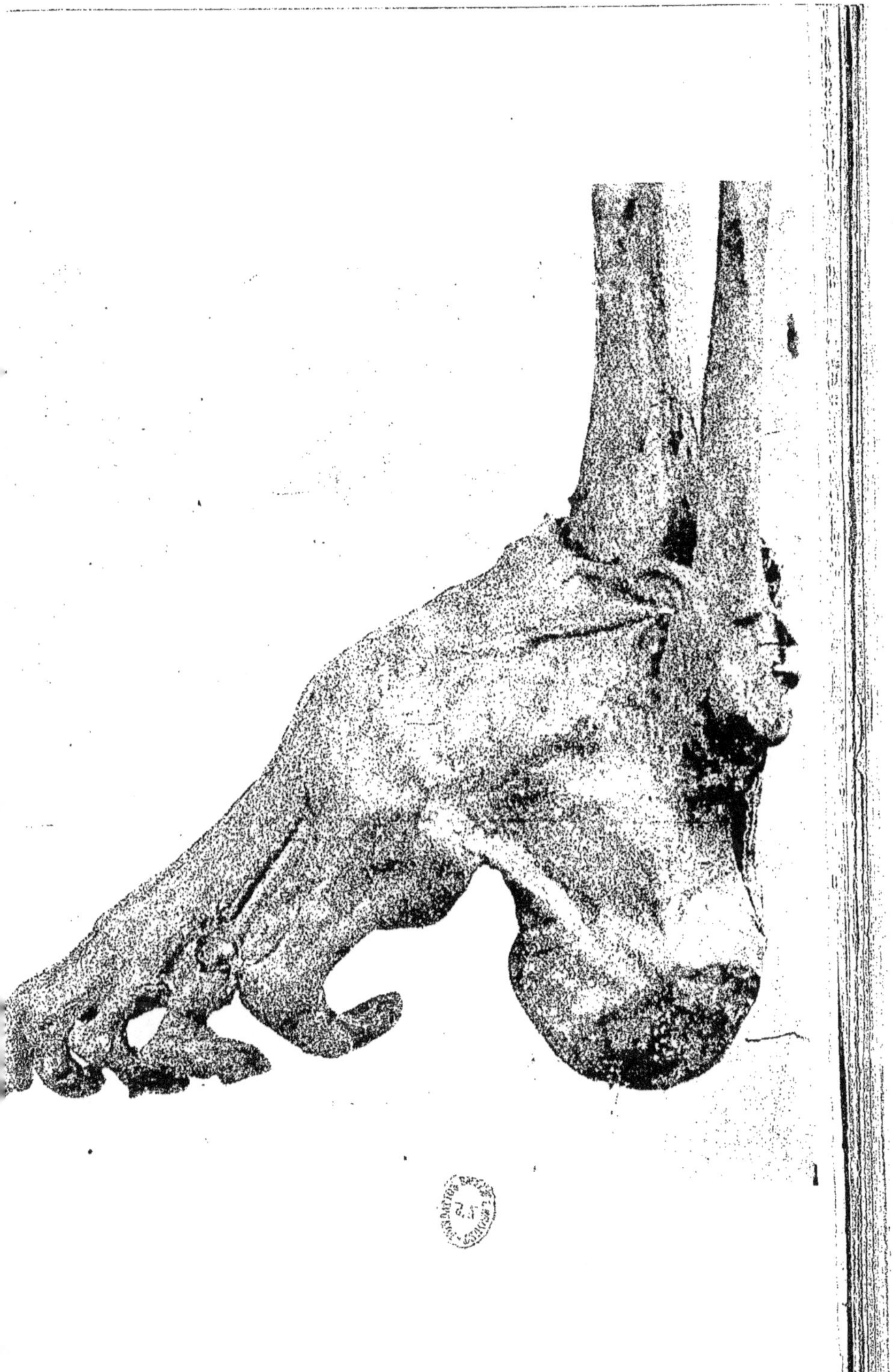

SIXIÈME CLASSE.

PROGRÈS ETHNOGRAPHIQUE ET INTERNATIONAL.

[TRAVAUX SCIENTIFIQUES ET ENTREPRISES TENDANT A L'ÉLÉVATION MORALE DES NATIONS, A L'AMÉLIORATION DE LEUR SORT, A LA GARANTIE DE LEUR LIBRE DÉVELOPPEMENT, A LA FACILITÉ DE LEURS RELATIONS ET A L'ÉCONOMIE DU GLOBE.]

SOCIÉTÉ D'ETHNOGRAPHIE, 47, quai des Augustins, à Paris.

520. Collection de brochures et d'articles relatifs à la question de l'unité des monnaies.

521. Collection de brochures et d'articles relatifs à la législation internationale.

522. Collection de grammaires et de dictionnaires des langues de l'Asie et de l'Amérique.

523. Collection de pièces et de documents relatifs à la colonisation.

524. Chinese Telegrah on Morse's signals. First sketch by count d'Escayrac de Lautare. Un tableau in-plano.

DUFRICHE-DESGENETTES, membre titulaire (en voyage).

525. Alphabet unitaire servant de base à un système complet de prononciation figurée et de guide pour l'étude phonologique de toute langue, par Dufriche-Desgenettes, membre de la Société d'Ethnographie.

526. Développement de l'alphabet unitaire linguistique. Un grand tableau manuscrit.

DUNANT (Henry) (❋, Médaille d'Honneur de la Société d'Ethnographie en 1866), membre titulaire, à Genève (Suisse).

Publications relatives au Comité international pour le secours des blessés en temps de guerre, fondé par M. Dunant.

527. Bulletin de la Société de secours aux blessés militaires, publié sous la direction du Comité central français. In-folio.

528. La charité internationale sur les champs de bataille. Associations permanentes et universelles de secours aux militaires blessés. — Un souvenir de Solférino et le traité de Genève. 6e édition. Paris, 1865 ; in-12.

GUERRIER DE DUMAST (❋), membre correspondant, à Nancy.

Publications relatives à la propagation des langues orientales en Europe.

529. L'orientalisme rendu classique dans la mesure de l'utile et du possible, par le baron Guerrier de Dumast. 2e édition. Nancy, 1800 ; in-8°.

530. Sur l'enseignement supérieur tel qu'il est organisé en France, et sur le genre d'extension à y donner, par P. G. de Dumast. Paris, 1865 ; in-8°.

531. Une idée lorraine. Nancy, 1863 ; in-8°.

LABARTHE (Charles de), membre du Conseil, 7, rue du Petit-Pont, à Paris.

532. Collection de brochures et d'articles relatifs aux pôles arctique et antarctique, à leur exploration et à leur destinée dans l'économie générale du globe.

533. Collection de brochures et d'articles relatifs à l'alphabet universel.

534. Collection de brochures et d'articles relatifs à la langue universelle.

MAISONNEUVE ET Cie, libraires-éditeurs de l'Athénée oriental, 15, quai Voltaire, à Paris.

Ouvrages relatifs à l'écriture chez les différents peuples.

535. Les écritures figuratives et hiéroglyphiques des différents peuples anciens et modernes, par Léon de Rosny. Paris, 1860 ; un vol. in-4° avec tableaux et planches imprimés en noir et en couleur = 15 fr.

ROSNY (Léon de), professeur à la Bibliothèque impériale, à Paris.

Ouvrages japonais destinés à répandre parmi les indigènes le goût des idées et des sciences européennes.

536. *Kaï-teï-sin-syo.* Traduction japonaise des Anatomische Tabellen de Th. Adam Kulmus, par Sougita Gempak, médecin japonais. Édition publiée la 3ᵉ année du nengo *An-yeï* (1774 de notre ère), en cinq volumes dont un de planches anatomiques gravées sur bois avec une finesse remarquable et à l'imitation des gravures au burin de l'original allemand.

Voyez l'article de M. de Rosny sur le médecin Gempak dans la *Biographie générale* de Firmin Didot, tome XIX.

537. *San-bô-keï-ko-dzou-yé-daï-seï.* Traité de mathématiques, renfermant de nombreux problèmes de géométrie résolus d'après les méthodes indigènes; in-8°.

Ce volume appartient à toute une série d'ouvrages de mathématiques japonaises faisant partie de la collection de M. de Rosny, et que le défaut de place n'a pas permis d'exposer.

538. *A pocket Dictionary of the english and japanese language.* By Hori Tats-no-Souké. Second and Revised edition, published by Hori-kosi Kamé-no-souké. Yédo, 1866; un fort volume oblong de 998 pages, imprimé par les indigènes en types mobiles européens.

Ce volume appartient à une grande série de dictionnaires et de vocabulaires publiés par les Japonais pour l'étude des langues occidentales (français, anglais, hollandais, russe, etc.), et qui font partie de la collection de M. de Rosny.

539. La presse périodique dans les cinq parties du monde : Spécimens d'une collection de journaux chez les diverses nations extra-européennes.

SUDRE (Mme veuve), à Paris.

540. Langue musicale universelle, inventée par François Sudre, également inventeur de la Téléphonie. Paris, 1866; un vol. in-8°, oblong.

SEPTIÈME CLASSE.

OBJETS RELATIFS A LA RELIGION.

SOCIÉTÉ D'ETHNOGRAPHIE, 47, quai des Grands-Augustins, à Paris.

541. Collection des livres sacrés des différents peuples anciens et modernes.

542. Collection de gravures, de dessins et de photographies donnant la représentation des Dieux des différents peuples, suivant le génie artistique de chacun d'eux.

543. Collection de dessins, gravures et photographies représentant les temples des religions et sectes des différentes peuples anciens et modernes.

544. Représentations de la Vierge chez les diverses nations qui ont adopté le catholicisme.

BROEK (Francis van den), membre titulaire, à Paris.

Statuettes indiennes tirées de sa collection.

545. Idole en bois peint et doré, richement habillée, portant une coiffure représentant le Génie *gardien du Kris* et nommé *Rechas*.

Son air farouche, sa laideur font peur. Sa main droite est creusée de façon à recevoir le Kris que le chef lui confie lorsque celui-ci rentre chez lui. Cette remarquable divinité a été trouvée dans le palais du radjah de Bali.

546. Statuette en bois peint et doré, venant de Bali, et représentant l'enlèvement de Sita, femme de Rama, par le géant Ravana, roi de Ceylan.

547. Génie sous la figure d'un singe en bois peint en vert.

548. Génie sous la figure d'un singe peint en roux.

549. Divinité en bois peint, d'un aspect effrayant, sans membres inférieurs, et semblant sortir d'un antre, sur lequel sont peints des fleurs.

Ces trois génies malfaisants, nommés *Banaspati*, sont placés à Bali sur le bûcher lorsqu'on brûle le corps d'un grand personnage.

550. Image en bois peint et doré, représentant une divinité fantastique, ayant des ailes et une queue d'oiseau. Dans une main elle tient un glaive, et dans l'autre un fruit doré. Cette idole est très-vénérée à Bali et représente le Gardien du Temple.

551. Idole de Bali sculptée avec soin et bien peinte. Elle représente un chien fantastique.

CASTAING, membre titulaire (✱, MÉDAILLE D'HONNEUR de la Société, en 1863), à Paris.

552-553. Incarnations de Vichnou; statuettes antiques, en bronze hindou.

554-557. Idoles hindoues; statuettes modernes en bronze.

FOUCAUX, membre du Conseil (✱), à Paris.

558. Bouddha Çakya-Moûni; statuette en bois doré, de travail chinois.

Le Bouddha Çakya-Moûni, né au VIe siècle avant notre ère, fut le fondateur de la religion bouddhique qui compte, à elle seule, plus de sectateurs que toutes les autres religions du globe réunies. Elle s'est établie à Ceylan, au Népal, au Tibet, en Chine, en Mongolie, au Boutan, au Ladâk, au Siam, en Cochinchine, au Tongkin, en Corée, aux îles Liou-kiou, au Japon, et jusque sur les bords du fleuve Amoûr, dans la Russie orientale. Elle a complétement disparu de l'Inde proprement dite où elle a pris naissance, et s'est considérablement altérée en s'éloignant de son berceau, de telle sorte qu'après deux mille ans d'existence, son fondateur la trouverait tellement changée qu'il ne pourrait pas accepter lui-même les changements que le temps lui a fait subir.

HERVEY-SAINT-DENYS (LE MARQUIS D'), président de la Société d'Ethnographie, rue du Bac, 126.

559. Statuette en jade (travail chinois) représentant le philosophe chinois Lao-tseu sur un bœuf.

Lao-tseu naquit dans le royaume de Thsou, pays qui se trouve aujourd'hui dans les provinces de Hou-pé et de Hou-nan, le quatorzième jour du neuvième mois de l'an 604 avant notre ère. Selon les données historiques, son père n'était qu'un pauvre paysan qui se maria à l'âge de 70 ans avec une femme de 40. Lao-tseu naquit avec des cheveux blancs, et le peuple frappé de ce prodige lui donna son nom de Lao-tseu (vieillard-enfant). La doctrine de ce philosophe, purement spéculative et d'une religiosité toute solitaire, a donné naissance à une foule de retraites monastiques où le dogme de l'inaction philosophique, si recommandée par Lao-tseu, a été converti en une apathie contemplative qui a produit les écarts les plus étranges. Lao-tseu a laissé un livre, le *Tao-teh-king*, qui a été traduit plusieurs fois en français.

560. Statuette en bronze représentant un génie chinois.

561. Autre statuette de génie, en bronze.

562. Kouan-yin. Statuette en bronze doré, travail indien d'une finesse extrême.

ROSNY (Léon de), professeur à l'École impériale des langues orientales, 15, rue Lacépède, à Paris.

563. Collection de figures représentant le Bouddha Çakya-Moûni et les saints de la religion bouddhique, publiée au Japon avec un texte et des explications en langue japonaise.

564. Figurine funéraire (Égypte).

565. Figurine funéraire représentant le Dieu Osiris.

566. Tête de crabe en porcelaine. L'intérieur, que l'on aperçoit par l'ouverture des yeux et de la bouche de l'animal, représente un temple japonais. On a donné à la bouche la forme des portes appelées *tori-yi*, qui indiquent l'entrée du lieu saint. Des colonnes phalliques apparaissent à l'intérieur.

WALDECK (F. de), membre du Comité d'Archéologie américaine, à Paris.

567. Fac-simile du célèbre monument de la Croix de Palenqué, photolithographié par les soins de la Société sur un dessin original fait par M. de Waldeck à Palenqué, à l'époque où ce monument, découvert par lui, était encore intact.

MOULIN, photographe, à Paris.

568. *La Trimourti*, Trinité hindoue, composée de Brahma, Vichnou et Siva, les trois principales divinités de

Reliure serrée

Reliure serrée

l'Inde. Vichnou le dieu conservateur, deuxième personne de la Trinité, occupe seul la face antérieure de la statue et est représenté dans sa neuvième incarnation, sous les traits de Boudh ou Bouddha, célèbre philosophe (600 ans avant J. C.), fondateur de la religion bouddhiste, dont le culte est répandu dans la plus grande partie de l'Asie. Brahma, le dieu créateur, et Siva, le dieu destructeur, troisième personne de la même Trinité, sont figurés par les têtes accouplées sur la face postérieure de la statue. Chacun des vingt-quatre bras de la statue portent les attributs variés de Vichnou, qui est assis ou plutôt accroupi sur des fleurs de Lotus.

HUITIÈME CLASSE.

OBJETS RELATIFS AUX MŒURS ET A L'INDUSTRIE DES NATIONS.

SOCIÉTÉ D'ETHNOGRAPHIE, 47, quai des Augustins, à Paris.

569. Collections de monnaies ou d'objets servant de monnaies, et présentant les diverses substances usitées dans les différents temps et chez les différents peuples pour tenir lieu de monnaie courante.

570. Collection de brochures et de dessins relatifs aux pèlerinages des différents peuples.

571. Fac-simile colorié d'une ancienne peinture figurative et hiéroglyphique des indigènes du Mexique, représentant la fondation de Mexico.

572. Fac-simile d'anciennes peintures figuratives représentant les migrations des Toltèques, des Aztèques et des Chichimèques.

573. Légendes groënlandaises, gravées au Groënland par les Esquimaux et d'après leurs dessins.

Cette curieuse collection de dessins présente un spécimen de l'imprimerie sous les latitudes les plus froides du globe. Elle est accompagnée de plusieurs brochures en langue groënlandaise, également produites par les indigènes.

CASTAING, membre titulaire (✠, MÉDAILLE D'HONNEUR de la Société d'Ethnographie), à Paris.

574. Bouclier musulman des cipayes, en cuir de rhinocéros, à croissant de bronze.

575. Poignard et son fourreau (Hindoustan).

A
1
2
3
4
5
6
7
8
9
10
B
C

576. Cartouchière et boîte à poudre, travail madécasse, avec courroies de sanglier et chaîne d'argent (Hindoustan).
577. Masque de guerre en jonc flexible pour déguiser le guerrier et le rendre plus terrible (Madagascar).
578. Sandales de cuir, travail des Maoris (Nouvelle-Zélande).
579. Vase funéraire en terre rouge, trouvé en 1860 dans l'hypogée de Sousa (Tunisie), l'ancienne Hadrumète, patrie d'Annibal.

DALSÈME (Maurice), membre titulaire, 9, rue Chauchat, à Paris.

580. Mode de transport en usage dans l'Inde. Peintures originales sur feuilles de mica.

HERVEY-SAINT-DENYS (le marquis d'), président de la Société, 126, rue du Bac, à Paris.

581. Flèches tartares-mandchoues à signaux, lancées aux troupes anglo-françaises lors de l'expédition dans le Pé-ho (Chine).
582. Anneau en jade vert doublé d'or, et servant à tirer de l'arc (Chine).
583. Trousse renfermant les instruments de table : bâtonnets, couteau et cure-dents (Chine).
584. Pipe à tabac, avec embouchure en jade blanc (Chine).
585. Lustre en bronze doré pris par les Espagnols à Tétouan (Maroc).
586. Flèche votive, avec une inscription indiquant le nom de la pagode où elle a été déposée, et sur le fer le nom de *Bouddha*.
587. Poudrière en cuir (Maroc).
588. Lance-javeline des naturels des îles Tonga (Océanie).
589. Ancien couteau de « vendetta » (Corse).
590. Gant pour tirer de l'arc (Japon).

LEPRINCE, à Paris.

591. Poignard empoisonné trouvé pendant l'expédition du Mexique, dans les régions des terres chaudes occupées par les naturels.

LÉOUZON LE DUC, membre titulaire (❋), à Paris.

OBJETS RELATIFS AUX PEUPLES DU NORD.

592. Modèle d'*Umiak* ou bateau groënlandais, conduit par les femmes, avec trois poupées représentant les rameuses en costume national. Ce modèle a été fabriqué au Groënland.

593. Sac ou serviette en baudruche, avec des ornements en peau et en plumes, fabriqué chez les Esquimaux. Ces peuples se servent de la même matière pour les vêtements d'été.

594. Arc des Esquimaux du Labrador.

595. Épieu garni d'une longue pointe en narval des îles Aléoutes.

ROSNY (Léon de), membre titulaire, membre du conseil du Comité d'archéologie américaine, 15, rue Lacépède, à Paris.

596. Scène d'anthropophagie religieuse au Mexique. Fac-simile d'une ancienne peinture didactique mexicaine, colorié au pinceau.

597. Scène de funérailles indiennes. Fac-simile d'une ancienne peinture didactique mexicaine, colorié au pinceau.

598. Bateau de pêcheur singhalais (Ceylan).

599. Lanterne de voyage en papier huilé, avec un ressort permettant de la démonter, et un manche en bois vernissé (Japon).

600. Arc en bois de fer (Japon).

601. Flèches de diverses époques (Japon).

602. Costumes pour les temps de pluie, en papier huilé et en papier goudronné (Japon).

603. Sandales en jonc pour la promenade à l'intérieur des habitations (Japon).

604. Bas de femme Maronite, tricoté avec des laines de plusieurs couleurs et des fils d'or (Liban).

605. Bonnet de luxe pour la nuit, en cachemire brodé (Perse).

606. En-tous-cas, ou parasol et parapluie (en japonais : *teri-*

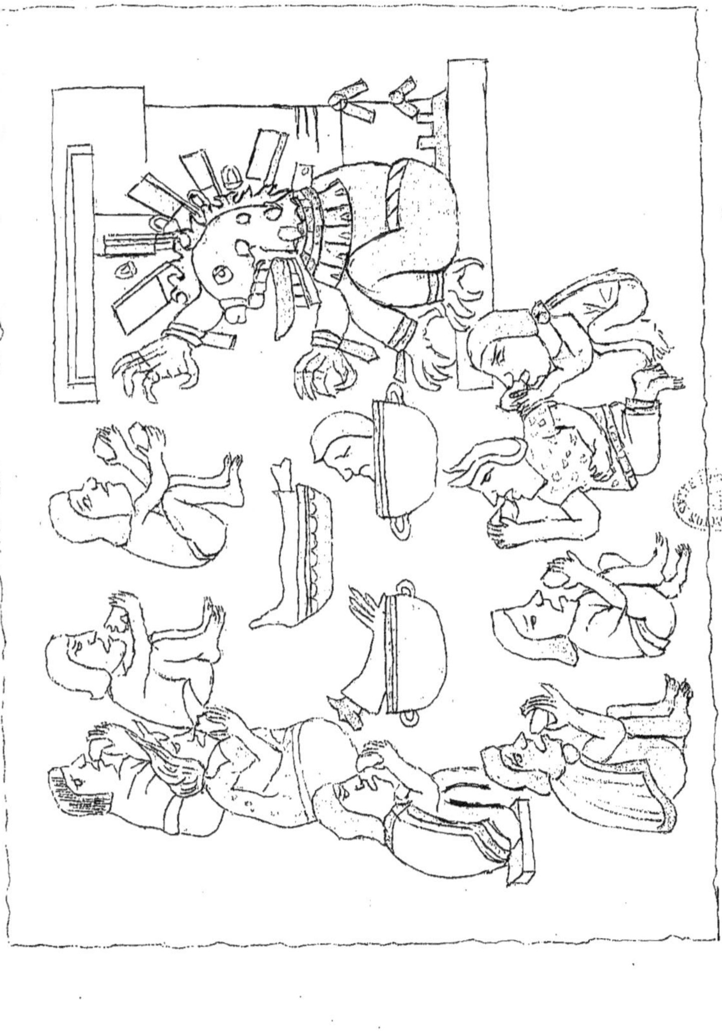

fouri-kasa). Papier huilé, monté sur bambou laqué noir; manche façonné (Japon).

607. Pipe à tabac, en cuivre poli, tube en bambou (Japon).

608. Pipe à tabac en métal d'une composition particulière, orné de palmettes gravées; tube en bambou laqué noir (Japon).

609. Peigne en bois de plusieurs espèces (Japon).

610. Pipe à opium en porcelaine (Chine).

611. Petits miroirs métalliques pour la toilette, à l'usage des jeunes filles. Montés sur bois orné de fleurs peintes (Japon).

612. Bougies de luxe, avec ornements peints (Japon).

613. Brosses à dents en bois et en forme de pinceau (Japon).

614. Pinceau à laver l'intérieur de la bouche, en bois (Japon).

615. Chenilles, papiers de fantaisie et autres ornements destinés à la coiffure des dames (Japon).

616. Portefeuille en velours pour notes, avec fermoir en métal ciselé (Japon).

617. Blague à tabac, en cuir doré, avec fermoir ciselé sur les trois principaux métaux japonais : or, argent, fer. Avec un bouton d'attache (se passant dans la ceinture) et représentant, en bois sculpté, une grenouille sur une feuille d'arbre (Japon).

618. *Tabi-makoura*, traversin de voyage se démontant à volonté (Japon).

619. Petite boîte de bambou en damier, à trois compartiments, employée par les dames pour mettre des parfums secs (Japon).

NEUVIÈME CLASSE.

OBJETS RELATIFS AUX SCIENCES, AUX ARTS ET A LA LITTÉRATURE.

SOCIÉTÉ D'ETHNOGRAPHIE, 47, quai des Augustins, à Paris.

620. Abaque ou compteur des Mongols des bords du Volga.

Matières ouvrées destinées à recevoir les caractères de l'écriture :

621. Papyrus égyptien.
622. Parchemin des anciens Juifs.
623. Carton à écrire de l'Indo-Chine.
624. Olles ou feuilles de palmier, pour l'écriture au stylet (Dravidiens).
625. Toiles enduites de chaux.
626. Peau de biche.
627. Papiers européens, asiatiques et africains. Collection d'échantillons.
628. Papiers huilés, papiers goudronnés.
629. Papiers servant à la toilette des dames (Japon).

HERVEY-SAINT-DENYS (LE MARQUIS D'), président de la Société, 126, rue du Bac, à Paris.

Instruments musicaux :

630. Grande flûte en bambou (Chine).
631. Tambourin en bois sonore (Chine).
632. *Pi-pa*, sorte de guitare (Chine).

Instrument d'optique :

633. *Souan-pan* ou abaque-compteur, en bois, avec boules en verroterie de diverses couleurs (Chine).

634. Lunette pour voyager en temps de neige, dans les provinces septentrionales (Chine).

ROSNY (Léon de), secrétaire de la Société, 15, rue Lacépède, à Paris.

Instruments calligraphiques des différents peuples :

635. Stylet romain.

636. Calame persan.

637. Pinceaux chinois, japonais, coréens et loutchouans.

638. *Souzouri* ou encrier japonais, en pierre noire, sur laquelle se broie l'encre.

639. Encrier chinois pour le noir et le vermillon.

640. Porte-pinceau de voyage (Japon).

641. Canif-grattoir dans un étui de bois garni d'ivoire (Japon).

642. Poinçon dans un étui de bois garni d'ivoire (Japon).

643. Ciseaux de bureau (Corée).

644. Ciseaux (Perse).

645. Petit encrier en cuivre rouge, avec pinceau à tige mobile également en cuivre (Japon).

646. Triple pinceau à tige mobile, en bois laqué noir (Japon).

Instruments de mathématiques et autres :

647. Boussole chinoise.

648. Boussole japonaise.

649. *Syak* ou pied japonais.

650. *San-ban*, abaque ou compteur japonais, bois et ivoire.

DIXIÈME CLASSE.

ARCHÉOLOGIE.

[ANTIQUITÉS RÉUNIES AU POINT DE VUE SPÉCIAL DE L'ETHNOGRAPHIE.]

SOCIÉTÉ D'ETHNOGRAPHIE, 47, quai des Augustins, à Paris.

Spécimens de l'art céramique chez les peuples de l'antiquité :

651. Antiquités provenant des fouilles faites par M. Espina, vice-consul de France, membre correspondant de la Société, à Soussa (l'ancienne Hadrumète) :
652. Fragments d'architecture ogivale, provenant de l'ancienne ville d'Hadrumetum. (Don de M. Espina.)
653. Antiques poteries romaines, découvertes à Soussa. (Don de M. Espina.)
654. Grande amphore romaine destinée à contenir du vin et se mettant en terre par l'extrémité pointue.
655. Fragments de verroteries irisées, provenant de l'hypogée d'Hadrumète (Tunisie).
656. Poteries arabes du Soudan. (Données par M. Texier, de l'Institut, vice-président de la Société.)
657. Amphore avec couvercle en terre cuite, ornée de peintures.
658. Vase à deux anses en terre cuite, orné de peintures.
659. Stèle votive égyptienne, avec inscriptions en caractères hiéroglyphiques. Peinture indigène sur bois.
660. Fragment de sculpture antique, tiré des ruines de l'ancienne ville de Gherdza, à 400 kilomètres au sud de Tripoli. (Don de M. Texier, de l'Institut.)

Les Arabes y ont gravé un *chtéïs* avec la pointe d'un sabre.

661. Lampes antiques provenant des ruines d'Utique (Tunisie). (Don de M. Guiter).

662. Peintures représentant des types des peuples connus des anciens Égyptiens.

663. Fragments de poteries romaines provenant des fouilles de l'hypogée d'Hadrumetum. (Don de M. Espina.)

664. Monnaies d'Hadrumète. (Don de M. Espina.)

665. Monnaies carthaginoises, tête de Junon et cheval. (Don de M. Espina.)

666. Vases antiques, en poterie, trouvés à Tiboursek, ancienne Tibursiculum, Murtilanis colonia, etc. (Don de M. Guiter.)

667. Fac-simile à l'aquarelle d'une inscription hiéroglyphique en mosaïque du Musée royal de Turin. (Don du baron Paul de Bourgoing, sénateur, président de fondation de la Société.)

COMITÉ D'ARCHÉOLOGIE AMÉRICAINE, 47, quai des Augustins, à Paris. — Président : M. J. M. Torres-Caicedo.

668. Sifflet sphéroïdal avec anneau de suspension; travail mexicain.

669. Animal assis; travail mexicain.

670. Grelot en bronze, piriforme. De chaque côté de ce grelot court une ligne ondulée en saillie, ressemblant à un serpent; à sa partie supérieure se trouve un anneau servant à la suspendre. Il provient de la collection Jomard.

Les anciens Mexicains, à l'industrie desquels appartient cet objet, se servaient de grelots en guise de monnaie.

671. Fragments de figurine en terre blanche, représentant un personnage portant un diadème de plumes ; travail mexicain.

672. Nécropole de Chiriqui (isthme de Panama). Collection d'antiquités de A. de Zeltner, consul de France, photographiées.

HERVEY-SAINT-DENYS (le marquis d'), président de la Société, 126, rue du Bac, à Paris.

673. Statuette provenant des tombeaux de Thèbes (Égypte).

674. Vase de bronze antique de la dynastie des Tcheou, douzième siècle avant notre ère (Chine).

675. Sceau antique en jade oranger, présentant des caractères gravés en ancienne écriture *tchouen* (Chine).

676. Hache celtique de grande dimension (37 centimètres de longueur), trouvée en Vendée.

677. Fiole lacrymatoire trouvée dans un tombeau romain (Italie).

LÉOUZON LE DUC (✻), membre titulaire, à Paris.

678. Spécimens d'une grande collection d'objets scandinaves provenant de l'âge de pierre.

OPPERT (le docteur JULES) (✻), membre du Conseil, 65, rue de Grenelle-Saint-Germain, à Paris.

Antiquités babyloniennes et assyriennes :

679. Groupe de deux personnages.

680. Buste de femme.

681. Buste d'homme recouvert d'un capuchon.

682. Figurine représentant une femme ailée (gréco-chaldéenne).

ROSNY (LÉON DE), secrétaire de la Société d'Ethnographie, membre de la Commission scientifique internationale de l'Exposition universelle, 15, rue Lacépède, à Paris.

683. Hache en silex, de provenance japonaise, présentant les plus grandes analogies avec les haches de pierre trouvées chez les insulaires de la Polynésie.

684. Figurine antique en verre irisé trouvée dans un tombeau romain.

685. Pointe de flèche en obsidienne (ancien Mexique).

686. Lampe romaine en terre rouge vernissée, trouvée à Soussa, l'ancienne Hadrumète (Tunisie).

687. Cadenas romain, trouvé en Algérie.

688. Ancien sceau babylonien, avec un anneau en forme de bague.

689. Fragment de vitrification antique trouvé sur le plateau d'un petit rocher, dans l'emplacement de la ville

antique de Saint-Gabriel (*Ernaginum*), près Tarascon (Bouches-du-Rhône).

690. Ancien lustre porte-lampe espagnol, en poterie rouge vernissée.

ROSNY (Lucien de), archéologue, président honoraire du Comité d'archéologie américaine, 61, rue des Frères-Herbert, à Levallois-Perret (Seine).

691. Anciennes pipes des naturels de l'Amérique.

TEXIER (✠), vice-président de la Société, membre de l'Institut, Académie des inscriptions et belles-lettres, à Paris.

692. Sculptures provenant de l'antique Gherdza, située dans le désert, à 400 kilomètres au sud de Tripoli.

ONZIÈME CLASSE.

CARTES ET ATLAS ETHNOGRAPHIQUES.

SOCIÉTÉ D'ETHNOGRAPHIE, 47, quai des Augustins, à Paris.

Cartes ethnographiques publiées par la Société :

693. Carte de la Cochinchine dressée par Bineteau, sous la direction de MM. E. Cortambert et Léon de Rosny; une grande feuille coloriée.

694. Cartes comparatives historiques de la Tunisie, depuis les temps antérieurs à l'invasion phénicienne jusqu'à nos jours.

695. Carte de l'empire des Incas au seizième siècle, par le docteur Martin de Moussy, membre du Conseil; gravée sur pierre chez Erhardt.

696. Carte des découvertes des Scandinaves en Amérique du dixième au quatorzième siècle; gravée chez Erhardt.

Cartes ethnographiques publiées hors de France et extraites des collections de la Société :

697. Klaproth. Asia polyglotta.

L'un des premiers essais de carte linguistique.

698. Cartes ethnographiques publiées en Allemagne.

699. Cartes ethnographiques publiées en Angleterre.

700. Cartes ethnographiques publiées en Russie.

701. Cartes ethnographiques publiées aux États-Unis.

702. Spécimen d'une collection de cartes ethnographiques et géographiques publiées en langues française, arabe, persane, chinoise, japonaise, etc.

703. Cartes gravées et imprimées au Groënland, par les

[illegible]

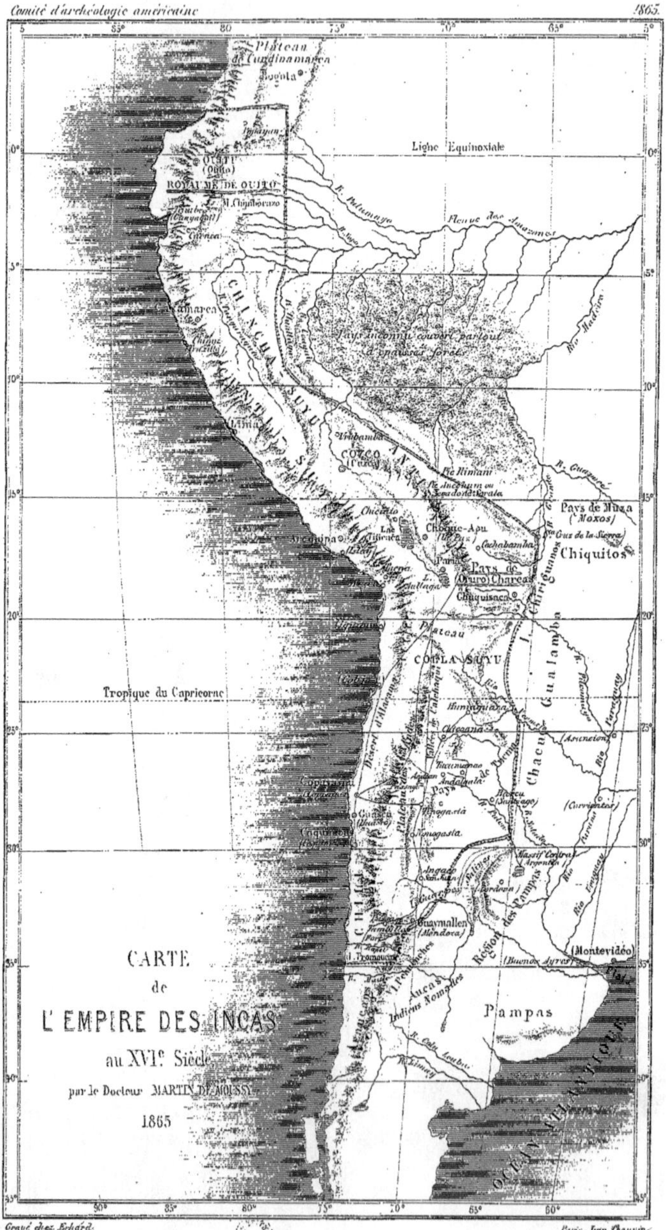

Gravé chez Erhard. *Paris-Imp. Chauvin.*

Esquimaux, sous 66° de latitude boréale, et dans un climat dont le froid moyen est de 16° au-dessous de zéro et le plus grand froid de 32° au-dessous de zéro.

704. Suomen Suuriruhtinanmaan Kartta Vuonna 1859 (en finlandais) ; une feuille format carré.

705. Ethnographisk Kart over Finmarken, af J. A. Friis. Christiania, 1861 ; dix feuilles in-plano, imprimées en couleur.

706. Carte du bassin de l'Amoûr, dressée par C. de Salir, 1861. Une feuille in-folio carré.

CHAUVIN, lithographe de la Société, 8, rue d'Ulm, à Paris.

Cartes publiées par le procédé économique de l'autographie :

707. Atlas élémentaire d'Ethnographie (le monde divisé par races et par nationalités), par Léon de Rosny. Paris, 1867 ; in-4°, cartes coloriées = 3 fr. 50.

708. Carte ethnographique des populations riveraines de l'Atlantique, au point de vue des relations coloniales et politiques de l'Europe et de l'Amérique. Paris, 1867 ; une feuille grand raisin = 1 fr. 50.

DUCHINSKI, membre titulaire, 72, rue de l'Ouest, à Paris.

709. Carte ethnographique de la Russie et des contrées environnantes au neuvième siècle.

710. Carte historico-politique de la Russie.

711. Carte ethnographique de la Russie européenne aux sixième et seizième siècles ; premier essai fait d'après le chroniqueur Nestor, l'historiographe Karamzine, et les travaux de MM. Schnitzler, le comte de Ségur, Duchinski (de Kiew), Viquesnel, Victor Duruy, etc. ; par A. Korsak. Une feuille format double grand aigle (manuscrit).

LABARTHE (Charles de), membre du Conseil de la Société, 7, rue du Petit-Pont, à Paris.

712. Carte ethnographique du royaume de Siam, d'après des documents indigènes ; une feuille coloriée (msc.).

LEJEAN (Guill.) (✻), membre titulaire, ancien consul en Abyssinie.

713. Carte ethnographique de la région N. E. de l'Afrique (Nilland).

714. Carte ethnographique de la Turquie.

LÉOUZON LE DUC (✻), membre titulaire, à Paris.

Cartes ethnographiques extraites d'une collection relative aux peuples du Nord :

715. Carte ethnographique du Finmarken ou région la plus septentrionale de la Norvége, dressée par M. J. A. Friis, divisée en cinq grands feuilles.

1. I° Vardö ; II° Vadso ; III° Nœsseby ; IV° Lebesby.
2. I° Kinstrand ; II° Lebesby ; III° Nœsseby ; IV° Morassö ; Utsjok (russisk).
3. I° Alten ; II° Koutokarino ; III° Hammerfest ; IV° Skj œrvö ; V° Loppen ; VI° Maasö.
4. I° Karlsö ; II° Lingen ; III° Tromsö og Tromsösundet ; VI° Balsfjorden ; IV° Skj œrvö ; V° Loppen ; VII° Maalselven ; VIII° Lenvig.
5. I° Berg ; II° Tranö : III° Ibestad ; IV° Trondernæs ; V° Ofaten ; VI° Lenvig ; VII° Maalselven med en Bekcrivelse.

La feuille numéro 5 contient un tableau statistique du plus haut intérêt.

SILBERMANN jeune (Joseph), au Collége de France, à Paris.

716. Carte ethnographique de l'Europe et de l'Asie occidentale, indiquant les migrations lentes et continues des races en sens contraire de la propagation de la civilisation représentée par les langues et les institutions, représentant deux courants circulaires en sens contraire. Une grande feuille manuscrite.

DOUZIÈME CLASSE.

OUVRAGES RELATIFS A L'ETHNOGRAPHIE.

SOCIÉTÉ D'ETHNOGRAPHIE, constituée par deux décisions ministérielles, 47, quai des Grands-Augustins, à Paris.

Ouvrages publiés par la Société :

717. Comptes rendus des séances de la Société d'Ethnographie, publiés avec le concours de la Commission des travaux littéraires, Paris, 1860-64 ; collection complète en quatre volumes in-8°. = 30 fr.

718. Annuaires de la Société d'Ethnographie, publiés avec le concours de la Commission des travaux littéraires, Paris, 1859-64; collection complète, cinq tomes en deux colonnes in-12, demi-maroquin. = 10 fr.

719. Actes de la Société d'Ethnographie, publiés avec le concours de la Commission de publication, par les secrétaires. Tome Ier. Paris, 1866; un volume in-8° (en cours de publication). = 12 fr.

720. Tableau de la Cochinchine, rédigé sous les auspices de la Société d'Ethnographie, par E. Cortambert et Léon de Rosny ; précédé d'une Introduction, par le baron Paul de Bourgoing, sénateur. Avec cartes, plans et gravures. Paris, 1862 ; in-8°. = 10 fr.

721. Lettres sur l'Archipel japonais et la Tartarie orientale, par le P. Furet, membre correspondant aux îles Loutchou ; précédées d'une Introduction, par E. Cortambert, et suivies d'un Traité de philosophie japonaise et de plusieurs Vocabulaires. Paris, 1860 ; in-12. = 3 fr.

722. Études sur les populations de la Perse et pays limitrophes, pendant trois années de séjour en Asie, par le commandant Duhousset. Avec planches. Paris, 1863 ; in-8°. = 2 fr.

Recueils de pièces et de documents relatifs à diverses branches de l'ethnographie, extraits de la bibliothèque de la Société :

723. Ethnographie générale et théorie de l'Ethnographie ; un vol. in-8°.

724. Ethnographie spéciale et appliquée ; trois vol. in-8°.

725. Anthropologie ; un vol. in-8°.

726. Linguistique ; un vol. in-8°.

727. Droit international ; un vol. in-8°.

728. Religions ; un vol. in-8°.

729. Nationalités ; un vol. in-8°.

730. Colonisation ; un vol. in-8°.

SOCIÉTÉ ETHNOGRAPHIQUE DE LA GRANDE-BRETAGNE. — Président, M. J. Crawfurd, à Londres (Angleterre).

731. Transactions of the Ethnological Society of London. Tome I à V. London, 1861-1867 ; cinq vol. in-8°.

SOCIÉTÉ ETHNOGRAPHIQUE AMÉRICAINE, à New-York (États-Unis d'Amérique).

732. Bulletin of the American Ethnological Society. Vol. I. New-York ; in-8°.

SOCIÉTÉ D'ETHNOGRAPHIE DE L'EMPIRE RUSSE. (Annexe de la Société impériale de Géographie), à Saint-Pétersbourg (Russie).

733. Zapiski Imperatorkago Rousskago Geografitcheskago obchtchestva. Po otdieleniou Etnografii. Tome Ier. Saint-Pétersbourg, 1867 ; grand in-8°, avec planches.

AGENCE ORIENTALE ET AMÉRICAINE, 15, rue Lacépède, à Paris.

734. Revue orientale et américaine, publiée avec le concours de membres de l'Institut, de diplomates, de savants, de voyageurs, d'orientalistes et d'industriels, par Léon de Rosny. Paris, 1859-1865. Collection complète en

dix volumes in-8°, avec cartes, planches et index analytique. = 125 fr.

735. Revue orientale. Recueil consacré à l'étude ethnographique, historique, scientifique, littéraire, industrielle et commerciale des populations indigènes et européennes de l'Asie, de l'Afrique et de l'Océanie. *Nouvelle série* (en cours de publication). = 25 fr. par an.

736. La Civilisation, journal ethnographique des Deux-Mondes; in-4°.

AMYOT, libraire de la Société (✻), 8, rue de la Paix, à Paris.

737. Archives diplomatiques, Recueil de diplomatie et d'histoire. Paris, de 1861 à 1866; 24 vol. in-8°.

738. Recueil des traités de la France, par M. de Clercq, ministre plénipotentiaire. Paris, 1864-1866; 7 vol. in-8°.

739. Recueil des traités de la Porte-Ottomane avec les puissances étrangères, depuis le premier traité conclu en 1536 entre Suleïman Ier et François Ier jusqu'à nos jours, par le baron de Testa. Paris, 1864-65; 2 vol. in-8°.

740. Le congrès de Vienne et les traités de 1815, par M. le comte d'Angeberg, avec une Introduction historique par M. Capefigue. Paris, 1864; 4 vol. in-8°.

741. Pologne. Recueil des traités, conventions et actes diplomatiques concernant la Pologne, de 1762 à 1862, par le comte d'Angeberg. Paris, 1862; un vol. in-8°.

742. Autriche et Italie. Recueil des traités, conventions et actes diplomatiques concernant l'Autriche et l'Italie, depuis l'année 1703 jusqu'au commencement des hostilités (1859), par le comte d'Angeberg. Paris, 1859; un vol. in-8°.

743. L'Égypte, les Turcs et les Arabes, par M. Gisquet. Paris, s. d.; 2 vol. in-8°.

744. La Chine devant l'Europe, par le marquis d'Hervey-Saint-Denys. Paris, 1859; in-8°.

745. Poésie de l'époque du Thang (VIIe, VIIIe et IXe siècles de notre ère), traduit du chinois pour la première fois,

avec une Étude sur l'art poétique en Chine et des notes explicatives, par M. le marquis d'Hervey-Saint-Denys. Paris, 1862; in-8°.

746. Le nord de la Sibérie. Voyage parmi les peuplades de la Russie asiatique et dans la mer Glaciale, entrepris par ordre du gouvernement russe, et exécuté par M. W. Rangell. Traduit par le prince Emmanuel Galitzin. Paris, 1843; 2 vol. in-8°.

747. 16000 lieues à travers l'Asie et l'Océanie. Voyage exécuté pendant les années 1858 à 1861, par le comte Henri Russell-Killough. Paris, 1866; 2 vol. in-12, avec pl.

748. Histoire générale de l'architecture, par Daniel Ramée, architecte. Avec planches. Paris, s. d.; 2 vol. in-4°.

AUBIN, membre titulaire, membre de la Commission scientifique du Mexique, à Paris.

749. Mémoire sur la peinture didactique et l'écriture figurative des anciens Mexicains. Publié par la Société. Cinq articles, in-8°.

BELLECOMBE (André de), membre du Conseil, à Choisy-le-Roi (Seine).

750. Polygénisme et Monogénisme. Considérations générales sur le polygénisme et le monogénisme; suivies de l'examen critique de l'ouvrage sur l'Unité des races humaines, par M. de Quatrefages, et de la profession de foi d'un polygéniste indépendant. Paris, 1867; in-8°.

BURKE (Luke), membre correspondant, à Londres.

751. The Ethnological Journal. A Magasine of Ethnographical and Antiquarian Science. Edited by Luke Burke. New series. London, gr. in-8°.

752. The Ethnological Journal. A Monthly Record of Ethnological Research and Criticism. London, in-8° (année courante).

CASTAING (❀, Médaille d'Honneur de la Société, en 1863), à Paris.

753. Mémoires d'Ethnographie générale et spéciale : Classification de l'homme dans la nature, 1862. — La Syrie,

les Druzes et les Maronites, 1860. — Les Peaux-Rouges et les devoirs de la civilisation, 1860, in-8°.

COLAS (L'ABBÉ), rue Fontaine, à Paris.

754. Rapport adressé à la Société d'Ethnographie sur la différence des caractères des races humaines et sur les raisons de ces variétés comparées aux facultés de l'âme et aux divers tempéraments de l'homme. Un cahier manuscrit in-4°, avec planches en noir et en couleur.

Cette thèse détermine par un court résumé :

I. Le *caractère* spécial des *Races humaines* : ce qui n'avait pas encore été bien constaté.

II. Les *Raisons* des différences de ces caractères, en s'appuyant :

1° Sur les études psychologiques, dont les assertions philosophiques fournissent toujours une certitude inattaquable.

2° Sur les recherches de la physiologie, tempéraments.... (*Cabanis*) de la Physionomie (*Lavater*, *Porta*).

3° Sur les découvertes de la phrénologie et de la craniologie.

III. Le but et le résultat que M. l'abbé G. *Collas* indique dans ce traité doivent être le perfectionnement des individus de toutes les races, l'élévation de toutes les intelligences, en un mot la consommation définitive et rapide de l'alliance des peuples.

COMITÉ D'ARCHÉOLOGIE AMÉRICAINE, 47, quai des Augustins, à Paris. — Président : M. TORRES-CAICEDO.

755. Annuaire du Comité d'archéologie américaine, publié sous la direction de la Commission de publication par les secrétaires. Tomes I et II. Paris, 1863 ; 2 vol. in-8°. = 12 fr.

CORTAMBERT (RICHARD), membre titulaire, employé à la Bibliothèque impériale, à Paris.

756. La chevelure chez les différents peuples. Paris, 1860 ; in-8°.

DELBOY (PIERRE-ALFRED), membre titulaire, avocat, à Bordeaux.

757. Rapport fait à la Société d'Ethnographie sur l'homme et la nature, au point de vue de l'ethnographie, par P. A. Delboy. Paris, 1866 ; in-8°.

DUCHINSKI, membre du Conseil, 72, rue de l'Ouest, à Paris.

758. Discussion sur la place de la linguistique dans les études

ethnographiques. Discours de M. Duchinski (de Kiew). Paris, 1867 ; in-8°.

759. Coup d'œil sur quelques points de l'histoire des Slaves et de leurs voisins, les Turcs et les Finnois, par Aug. Viquesnel. Paris, 1861-1863.

L'auteur de cet ouvrage y a renfermé une grande partie des résultats de douze années de ses études sur les peuples rangés au nombre des Slaves. Les dernières conclusions auxquelles il arrive se résument dans les quatre assertions suivantes, fondées sur les faits relatés par le chroniqueur Nestor et ses continuateurs, ainsi que sur les recherches de Stritter, Karamsin, du comte de Ségur, de MM. Schnitler, Victor Cousin, Solowiew, Duchinski, de Kief, et autres.

1° Les habitants de la Moscovie, les plus proches voisins des Aryars-Slaves de Novogorod et de Smolensk : les *Vesses*, les *Mera*, les *Mauroma*, *Tourans* d'origine, ne parlaient pas encore slave, et s'opposèrent au christianisme jusqu'au XIIIe siècle.

2° La majorité des Moscovites d'au delà de l'*Oka* et ceux de la Kama, formaient les *Sarats* ou *Kanats* de Sibérie, de Kazan (fondé par les fugitifs de la Souzdalie, d'Astrakan et de Crimée).

3° Sur les 40 millions de Moscovites, grands Russes, parlant une seule langue, n'ayant que quelques légères différences, et pas de dialectes, il y en a environ 15 millions qui parlent encore leurs idiomes nationaux. Les Moscovites habitant l'ancienne principauté de Souzdalie, conservent eux-mêmes leur ancienne langue, appelée *Ofeno-Souzdalienne.*

4° Le manque de dialectes dans la langue des 40 millions de Moscovites, en présence des huit langues et du grand nombre de dialectes qui divisent les Slaves proprement dits, prouvent déjà que les Tourans de la Moskovie n'ont pas abandonné leur pays, mais ont pris aux Slaves leur langue avec la religion chrétienne. Cette transformation s'opéra pour la minorité au XIIIe siècle, et pour la majorité vers le XVIIe siècle.

760. Nécessité des réformes dans l'exposition de l'histoire des Aryas-Européens et des Tourans, particulièrement des Slaves et des Moscovites, grands Russes. Paris, 1864.

Cet ouvrage est le développement et l'application pour les écoles des principes admis par M. Viquesnel. (Voir n° 759.)

EICHHOFF (F. G.), président de l'Athénée oriental, membre du Conseil de la Société d'Ethnographie, correspondant de l'Institut, 58, rue Monsieur-le-Prince, à Paris.

761. Grammaire générale indo-européenne, ou comparaison des langues grecque, latine, française, gothique, allemande, anglaise et russe entre elles et avec le san-

scrit; suivie d'extraits de poésies indiennes. Paris, 1867; in-8°.

HARAIRI (Soliman-Al), membre titulaire, notaire arabe-tunisien, à Paris.

762. Guide de l'Afrique et de l'Orient. Conseils adressé aux Musulmans, par Soliman-Al-Harairi. Paris, 1857; in-8°.

KOSKINEN (Yrjo-Forsman), membre titulaire, à Helsingfors.

763. Tiedot Suomen-Suwum muinaisuudesta. Helsingissä, 1862; in-8°.

LABARTHE (Charles de), membre du Conseil de la Société d'Ethnographie, 7, rue du Petit-Pont, à Paris.

764. Mémoires d'ethnographie générale et spéciale : Aperçu général de la science ethnographique. 1866. — Rapport annuel sur les progrès de l'ethnographie orientale. 1862. — Esquisse d'un tableau préparatoire génésiaque pour l'établissement d'un programme scientifique de l'ethnographie. 1865. — Études sur la constitution du Nouveau Monde et sur les origines américaines. 1859. — Les sacrifices humains au Mexique. 1862 (planche coloriée). — De l'état social et politique du Mexique avant l'arrivée des Espagnols. 1865. — Documents inédits sur l'empire des Incas. 1861. — Précis de la langue nouka-hiva. 1855. — De l'écriture et des alphabets chez les différents peuples. 1854. — Un volume in-8°.

LENORMANT (François), membre titulaire, à Paris.

765. Les pâtres nomades de la Grèce, par François Lenormant. Paris, 1865; in-8°.

LEPSIUS (Richard), membre honoraire, à Berlin.

766. Standard alphabet for reducinq unwritten languages and foreign grafic systems to a uniform ortography in european letters. Berlin, 1863; in-8°.

PIMENTEL (COMTE DE HERAS), membre titulaire, à Mexico.

767. Memoria sobre las causas que han originado la situacion actual de la raza indígena de México, y medios de remediarla. México, 1864 ; in-8°.

768. Cuadro descriptivo y comparativo de las lenguas indígenas de México. México, 1862-60 ; deux volumes in-8°.

RINCK, membre correspondant, inspecteur à Godthaab (Groënland).

769. Eskimoiske Eventyr og sagn oversate. Efterde indfœdte fortaelleres opscrifter og meddelser, af Rink. In-8°.

QUESADA (DON VICENTE), membre titulaire, à Buénos-Aires (République Argentine).

770. La Revista de Buenos-Aires, periodico mensual de historia americana, literatura y derecho, destinado à la Republica Argentina, la Oriental de l'Uruguay, y la del Paraguay, publicado bajo la direccion de Navarro Viola y Vicente Quesada. Buenos-Aires ; in-8° (année courante).

ROSNY (LÉON DE), professeur à la Bibliothèque impériale, secrétaire de la Société d'Ethnographie, 15, rue Lacépède, à Paris.

771. Mémoires d'ethnographie générale et spéciale : La civilisation japonaise. — Notice ethnographique de l'Encyclopédie japonaise Wa-kan-san-saï-dzou-yé. 1861. — Des affinités du Japonais avec certaines langues du continent asiatique. — Lettre à M. Oppert, sur quelques particularités des inscriptions cunéiformes anariennes. — L'Orient. Un vol. in-8°.

772. Rapports annuels faits à la Société d'ethnographie sur ses travaux et sur les progrès des sciences ethnographiques. Collection complète en un vol. in-8°.

773. Grammaire japonaise, accompagnée d'une notice sur les différentes écritures japonaises, d'exercices de lecture et d'un aperçu du style sinico-japonais. Deuxième édition, enrichie de six planches représentant les syllabaires japonais, d'un fac-simile de lexique et d'un tableau des signes élémentaires de l'écriture idéogra-

Guerrier des marais de Lemloun

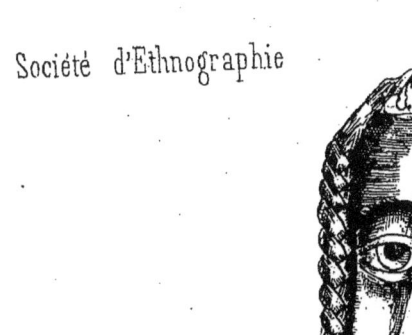

Femme de la même tribu

phique cursive. Paris (Maisonneuve et Cie, éditeurs, 15, quai Voltaire), 1865; in-4°, pl.

ROYER (Mlle Clémence), membre titulaire (en voyage).

774. De l'origine des espèces par sélection naturelle, ou des lois de transformation des êtres organisés, par Ch. Darwin. Traduit en français par Clémence Royer, avec une préface et des notes du traducteur. Deuxième édition. Paris, 1866; in-8°.

SÉDILLOT (✻), membre honoraire, à Paris.

775. Prolégomènes des tables astronomiques d'Olong-Beg, publiés avec notes et variantes, et précédés d'une Introduction, par M. L.-Am. Sédillot. (Avec trad. française.) Paris, 1847-53; 2 vol. in-8°.

TAYLOR (Alexander), membre correspondant, à Santa-Barbara (Californie).

776. Indianology of California, by Al. Taylor. San-Francisco; un vol. in-folio composé d'articles extraits de journaux américains.

TERRIEN-PONCEL, membre titulaire, au Havre.

777. Du langage. Essai sur la nature et l'étude des mots et des langues, par M. Alb. Terrier-Poncel. Précédé d'une Introduction par Léon de Rosny. Le Havre, 1867; in-8°.

TEXIER (✻), vice-président de la Société, membre de la Commission scientifique internationale de l'Exposition universelle, membre de l'Institut, à Paris.

778. Mémoires d'ethnographie orientale : — Les tribus arabes de l'Irak-Arabi. — Sur les cérémonies de l'Église primitive. — Édesse et ses monuments en Mésopotamie. — Les grandes chasses d'Afrique.

VINSON (Julien), membre titulaire, à Bayonne.

779. Instructions ethnographiques sur l'Inde dravidienne, par J. Vinson. Paris, 1865; in-8°.

VIVIEN DE SAINT-MARTIN (✠), membre titulaire, à Paris.

780. Étude sur la géographie et les populations primitives de l'Inde, d'après les hymnes védiques; précédée d'un aperçu de l'état actuel des études sur l'Inde ancienne. Paris, 1860; in-8°.

EXPOSITION ETHNOGRAPHIQUE SUPPLÉMENTAIRE.

(Voyez page 7.)

—

LISTE DES CLASSES :

1re CLASSE : Photographies représentant des types nus d'hommes et de femme de différentes races.

2e CLASSE : Sculptures, peintures, aquarelles et dessins représentant des types de différentes races, ou certaines parties de leur corps.

3e CLASSE : Gravures et lithographies relatives à l'étude anatomique de l'homme et de la femme, chez les différentes races.

4e CLASSE : Anthropologie et anatomie comparées des races humaines.

5e CLASSE : Objets et figures relatifs au culte des organes sexuels dans l'antiquité et chez les différents peuples.

6e CLASSE : Objets relatifs aux mœurs, au mariage, à la prostitution, etc., chez les différents peuples.

7e CLASSE : Antiquités réunies au point de vue de l'ethnographie.

N. B. — La Commission spéciale d'organisation de l'Exposition ethnographique recevra pendant toute la durée de l'Exposition les objets de nature à figurer dans l'une des classes ci-dessus. Pour tous renseignements, ainsi que pour les demandes d'admission, écrire franco à M. *le Président de la Commission spéciale d'organisation* au local de la Société d'Ethnographie, 47, *quai des Augustins, à Paris,* avec cette inscription au coin de l'enveloppe : EXPOSITION ETHNOGRAPHIQUE SUPPLÉMENTAIRE.

FIN.

9444. — Imprimerie générale de Ch. Lahure, rue de Fleurus, 9, à Paris.

16257. — Imprimerie de Ch. Lahure, rue de Fleurus, 9, à Paris.

Index.

1867.

Guide de la Conversation Japonaise. 2e édition.

Exposition Universelle de 1867. — Notice descriptive de l'Exposition de la Société d'Ethnographie

www.ingramcontent.com/pod-product-compliance
Lightning Source LLC
Chambersburg PA
CBHW071945160426
43198CB00011B/1544